W0407268

LEA WIEGE

Bali
ENTDECKEN

REFS
VERLAG

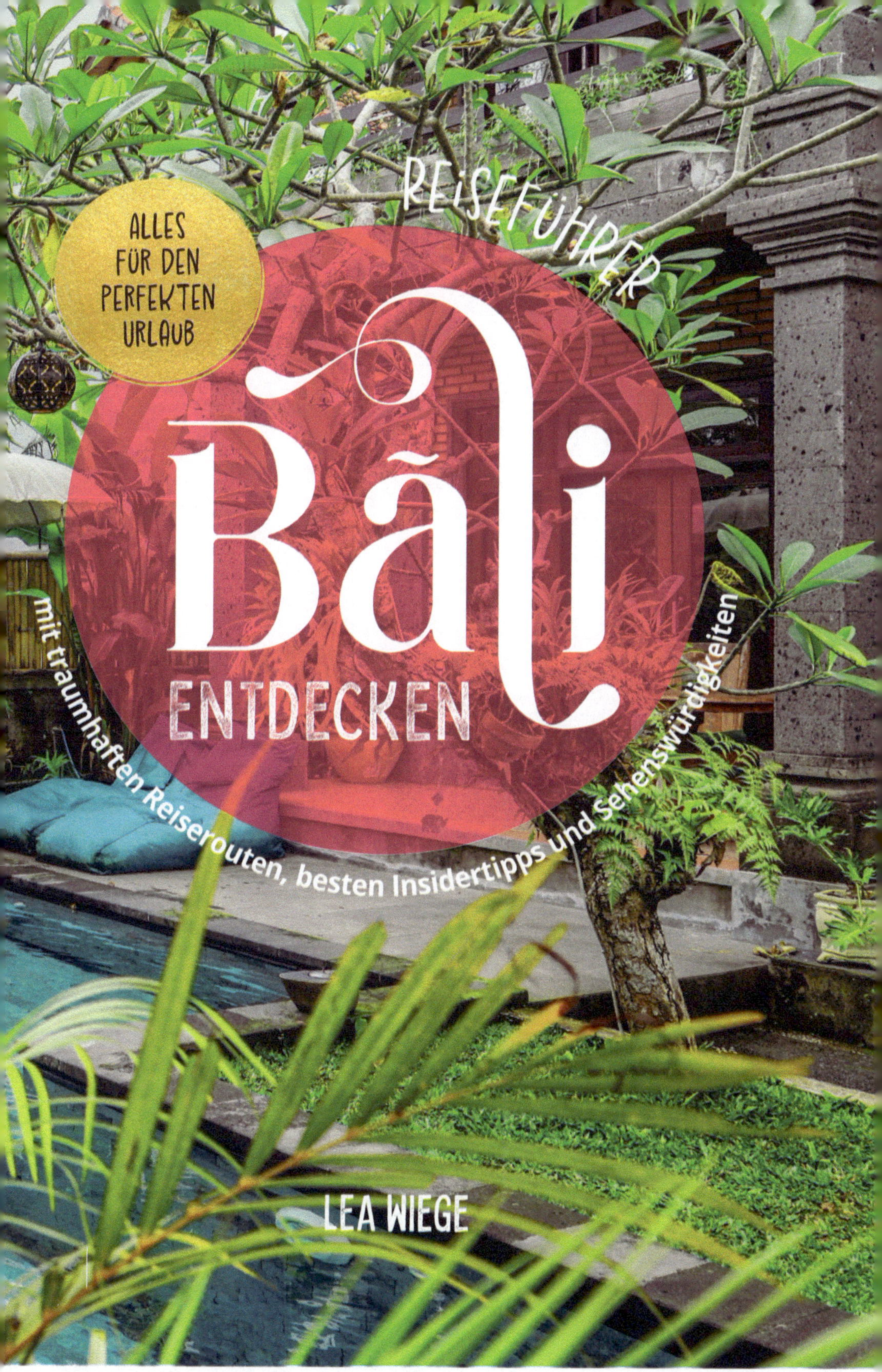
ALLES FÜR DEN PERFEKTEN URLAUB
REISEFÜHRER
Bali
ENTDECKEN
mit traumhaften Reiserouten, besten Insidertipps und Sehenswürdigkeiten
LEA WIEGE

Impressum:
Refs Verlag
Imprint der Schürmann Publishing GmbH
Bahnhofstraße 45b
46286 Dorsten

Lea Wiege,
Pseudonym der Schürmann Publishing GmbH
Bahnhofstraße 45b
46286 Dorsten

Umschlaggestaltung, Layout und Satz: www.ancutici.de
Lektorat: Lektorat Silbenschliff
Informationen zum Drucker finden Sie auf der letzten Seite.

ISBN: 978-3-00-076615-2

SELAMAT

Datang!

Inhalt

Der Charme des Ostens

Die schönsten Reiserouten auf Bali

Infos und Tipps zum Baliurlaub

Einleitung

Bali ist ein Traum. Die Insel im Indischen Ozean bietet feinsandige Strände, Korallenriffe, Vulkanberge, Reisfelder und sehenswerte Tempel, die am Meer, auf einem Felsen oder mitten im Dschungel errichtet wurden. Über die Entstehungsgeschichte dieser Tempel ist wenig bekannt und manchen wird nachgesagt, dass sie von Göttern erschaffen wurden.

Der höchste Berg der Insel ist mit 3.142 Metern der Vulkan Gunung Agung, der sich perfekt für eine geführte Wanderung eignet. Balinesen nennen den Vulkan „Sitz der Götter". Die westlichste der zu Indonesien gehörenden kleinen Sunda-Inseln liegt zwischen Java und Lombok. Bali ist die Hauptinsel des Inselarchipels, weitere Inseln sind Nusa Ceningan, Nusa Lembongan und Nusa Penida.

Wegen seiner exotischen Umgebung ist Bali das Reiseziel für Flitterwochen, Badeurlaube sowie Sport- und Aktivferien. Kuta, Nusa Dua, Sanur oder Seminyak sind populäre Urlaubsorte und Sehnsuchtsziele von Reisenden aus aller Welt. Die Kombination aus wunderschöner Natur, Kultur, abwechslungsreichem Nachtleben und balinesischem Lebensstil trägt zu einem unvergesslichen Aufenthalt auf dieser unvergleichlichen Insel bei. Die äußeren Schönheiten der Insel lassen sich in der Meditation noch vervielfältigen: Hier betreten die Reisenden die hinduistisch-mystische Welt der Götter.

Die große Beliebtheit der Insel führte dazu, dass sie der Massentourismus erreicht hat. Doch obwohl manche Badeorte und Sehenswürdigkeiten in der Hochsaison überlaufen sind, findet man abseits touristischer Wege noch immer wunderbar ruhige Plätze und Strände. Bali ist kein künstlich erschaffenes Feriengebiet, sondern ein authentischer Ort mit eigener Kultur.

Bali ist ein Tropenparadies mit exklusiven Hotels und Villen. Wer die Trauminsel jedoch mit kleinem Budget bereisen will, findet überall in Pensionen oder Privatzimmer günstige Unterkünfte.

Bali gilt als sicheres Reiseziel. Du kannst die Insel auf eigene Faust erkunden, bei einer Rundreise oder mit organisierten Ausflügen. Überall begegnen dir Menschen mit herzlicher Gastfreundschaft. Lass dich von der balinesischen Lebensweise inspirieren und genieße einen Urlaub im Paradies.

P. Menjangan
Gilimanuk
Pejarakan
Gerokgak
Seririt
Bali-
Straße
Melaya
Negara
Mendoyo
Pekutatan
Bali
ENTDECKEN
Java
Indischer Ozean
0
5
10
20
30
40

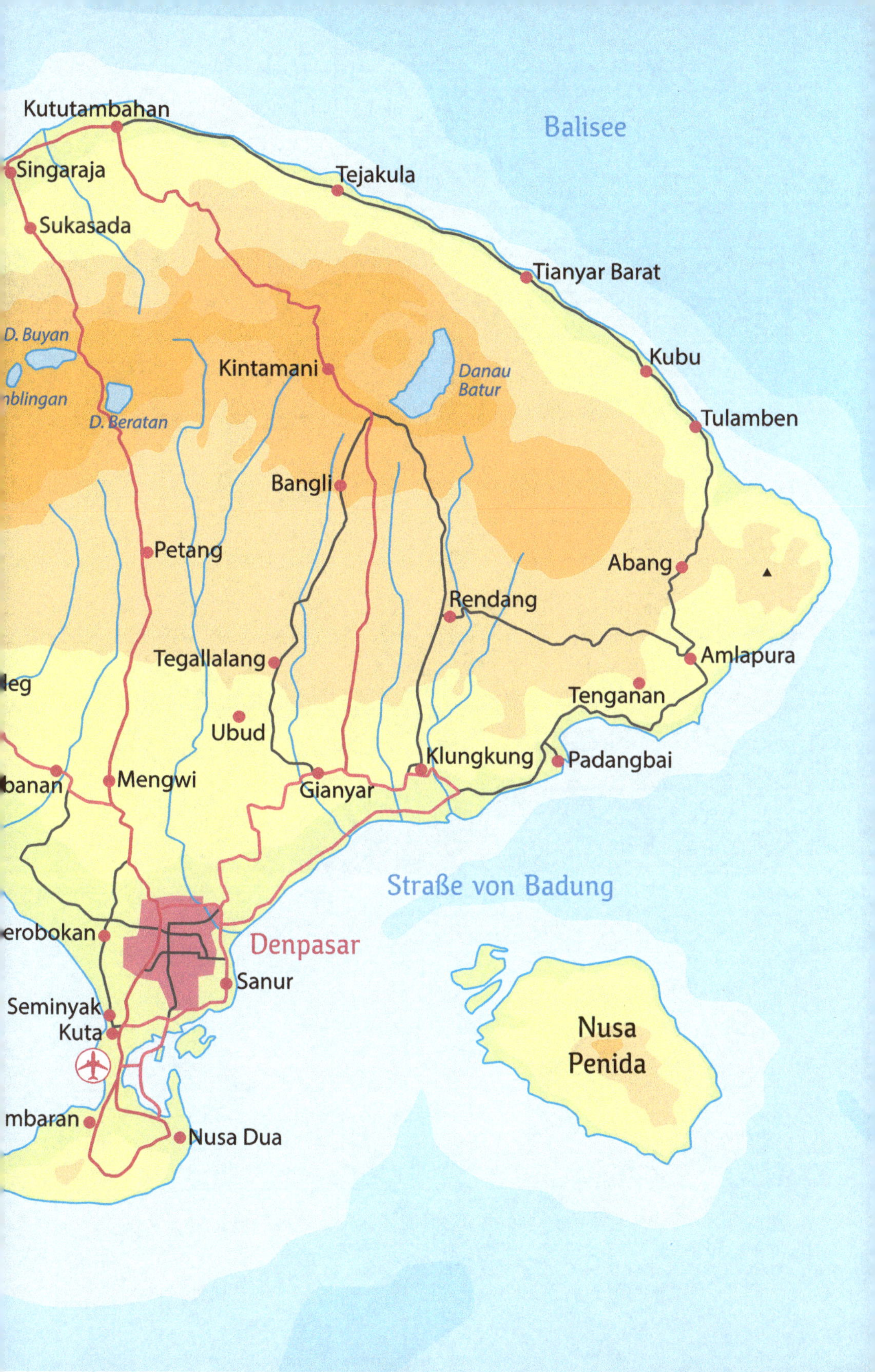

Balisee
Kututambahan
Singaraja
Tejakula
Sukasada
Tianyar Barat
D. Buyan
Kintamani
Danau Batur
Kubu
D. Beratan
Tulamben
Bangli
Petang
Abang
Rendang
Tegallalang
Amlapura
Tenganan
Ubud
Klungkung
Padangbai
Mengwi
Gianyar
Straße von Badung
Denpasar
Sanur
Seminyak
Kuta
Nusa Penida
Nusa Dua

Der Süden ist das wirtschaftliche und touristische Zentrum Balis. In dieser Region liegen der internationale Flughafen, die Hauptstadt Denpasar und die meisten bekannten Ferienorte.

Zum touristischen Hotspot entwickelte sich der Süden mit der Eröffnung des Flughafens in den 1940er-Jahren. Der Flughafen liegt in der Nähe von Denpasar. Die Verantwortlichen wählten damals die Region für den Flughafen aus, weil der Inselsüden über weitläufige Sandstrände, schöne Landschaften und die typisch balinesischen Tempel verfügt. So erblühten ehemalige Bauern- oder Fischersiedlungen wie Kuta, Seminyak und Legian an der Südwestküste, Nusa Dusa und Sanur an der Südostküste zu attraktiven Ferienorten.

Hauptstadt Denpasar

Die balinesische Hauptstadt liegt nur wenige Kilometer von der Südküste entfernt und ist die größte Stadt auf der Insel. In Denpasar leben circa 900.000 Einwohner*innen, diese Region ist die bevölkerungsdichteste auf Bali. In Denpasar herrscht meistens das totale Verkehrschaos.

Als wirtschaftliches und gesellschaftliches Zentrum genießt die balinesische Hauptstadt überregionale Bedeutung.

Denpasar ist zwar eine hektische und lärmige Metropole, hat aber auch eine ursprüngliche Seite. Für die Besichtigung der schönsten Sehenswürdigkeiten solltest du genügend Zeit einplanen, da es dort sehr voll sein kann. Das bekannteste Bauwerk der Stadt ist das 45 Meter hohe Bajra-Sandhi-Monument am Renon Platz. Das Kulturdenkmal ist von einer riesigen Grünfläche umgeben. Übersetzt bedeutet Denpasar etwa „neuer Markt", und die damalige niederländische Kolonialherrschaft hat diesen Namen nicht umsonst gewählt: Die Hauptstadt bietet eine Vielzahl an Shoppingmöglichkeiten – auf Märkten, in Läden und in Einkaufszentren. Die größte Warenauswahl gibt es in der Level 21 Mall Bali. Bei Touristen sind lokale Märkte wie der traditionelle Pasar-Badung-Markt beliebt. In der rund um die Uhr geöffneten Markthalle findest du exotische Früchte, frisches Gemüse und ein riesiges Angebot an Lebensmitteln. In den oberen Etagen des Pasar-Badung-Marktes gibt es Einkaufspassagen mit Kunsthandwerk, Souvenirs und Textilien aus lokaler Produktion und handgemachtem Schmuck.

Sehenswürdigkeiten in Denpasar, die du dir anschauen solltest

→ Bali Arts Center

Das Bali Arts Center, das „Taman Werdhi Budaya", liegt inmitten einer ausgedehnten Parkanlage. Auf dem Gelände stehen Pavillons im indonesischen Stil, schön angelegte Teiche und Bachläufe laden zum Verweilen ein. Taman Werdhi Budaya ist ein beliebter Ort; die Besucher*innen gehen spazieren, ruhen sich aus und entspannen sich. Gleich mehrere Theater bieten Veranstaltungen aller Art an und auf der großen Bühne im Park führen Künstler immer etwas vor. Da das Bali Arts Center ein festes Programm veröffentlicht, kannst du dich von bevorzugten Musik- und Tanzvorstellungen verzaubern lassen. In englischsprachigen Tourismusmagazinen wird regelmäßig über anstehende Veranstaltungen im Bali Arts Center berichtet.

→ Bali-Museum

Das vom niederländischen Architekten P. J. Moojen erbaute und 1931 eröffnete Bali-Museum beherbergt eine der umfangreichsten und besten Sammlungen balinesischer Kunst- und Alltagsgegenstände. Selbst das Gebäude, in dem das Bali-Museum untergebracht ist, ist eine Sehenswürdigkeit: Fassade, Eingangstore und Innenhöfe erinnern an die Bauweise der balinesischen Königspaläste. Die Außenmauern sind mit kunstvollen Steinreliefs verziert. Jeder Pavillon im Inneren der Museumsanlage spiegelt den traditionellen Baustil einer Region von Bali wider. Das Bali-Museum ist im Stadtzentrum, unmittelbar neben dem Puputan-Denkmal und in der Nähe von Einkaufsstraßen und lokalen Märkten.

→ Bali Orchid Garden

Im Jahr 1999 wurde der bislang einzige Orchideengarten auf Bali eröffnet: der Bali Orchid Garden. Er wurde angelegt, um Urlauber*innen aus aller Welt die exotische Blumenpracht der Insel zu zeigen. Entdecke die zauberhaften und vielfältigen Orchideenarten bei einem Spaziergang durch den Bali Orchid Garden – aber berühre sie nicht, da die Pflanzen in Mitleidenschaft gezogen werden könnten und teilweise giftig sind. Damit die Besucher*innen die schönsten Orchideen sehen und fotografieren können, werden sie von Mitarbeiter*innen des Garden durch die Anlage geführt, die sich mit den Orchideen bestens auskennen. Das tropische Klima begünstigt Flora und Fauna, daher blühen die Orchideen über das ganze Jahr hinweg. Neben den vielen Orchideenarten wachsen auf dem sorgfältig gepflegten Gartengelände heimische Pflanzen wie Bromelien, Vanille, Kakao und Kaffee.

Der Bali Orchid Garden liegt zwischen Denpasar und Sanur und ist mit Taxi, Roller oder Mietauto gut erreichbar.

Die schönsten Badeorte in Balis Süden

→ Canggu

Der Badeort ist wegen seiner perfekten Surfbedingungen bekannt. In den vergangenen Jahren verwandelte er sich in ein modernes Ferienparadies. Mittlerweile lassen sich digitale Nomaden aus aller Welt an diesem schönen Ort nieder, um Ideen zu entwickeln und kreativ zu sein.

Canggu gilt als einer der besten Orte, um Kontakte zu knüpfen. Dafür sorgen die vielen Restaurants am Strand, Hipster-Cafés und Yogastudios. Hier surfst du einige der besten Wellen der Welt, beobachtest von den Strandbars aus die Leute und genießt bei einem Cocktail den farbenprächtigen Sonnenuntergang über dem schimmernden Indischen Ozean. Entlang der Hauptstraße bieten kleine Geschäfte alles Notwendige für den Selbstversorger-Urlaub oder einen Backpack-Trip. Die Atmosphäre ist lässig und entspannt, eine Mischung aus Surferlebnissen und Partymachen. Canggu hat aber auch eine andere Seite: Der Ort hat ein spirituelles Flair, das spürbar wird, sobald du an diesem besonderen Ort mit seinen schönen Stränden ankommst.

Je nach Verkehrslage dauert die Fahrt mit dem Taxi vom internationalen Flughafen ein bis zwei Stunden.

→ Jimbaran

Südlich von Kuta liegt die Jimbaran-Bucht mit ihrem langen, feinsandigen Strand und ruhigem Wasser. Im Ort Jimbaran gibt es viele Fischrestaurants. An der Südwestküste von Jimbaran findest du prächtige Sehenswürdigkeiten, zum Beispiel die alten Meerestempel. Die bekannteste Tempelanlage liegt auf einer Felsklippe: der malerische Uluwatu-Tempel. Das Highlight in Jimbaran ist die Garuda-Wisnu-Kencana-Statue. Sie ist ganze 121 Meter hoch und damit die höchste Statue Indonesiens. Ein weiteres Highlight liegt im Ungasan-Kulturpark: das Garuda-Wisnu-Kencana-Monument. Es ist der Gottheit Wisnu gewidmet.

→ Kuta

Kuta war einer der ersten Badeorte, die für den Tourismus erschlossen wurden. Hier herrschen ausgezeichnete Surfbedingungen im Indischen Ozean und ein ausschweifendes Nachtleben. Kuta liegt nur zehn Kilometer südlich von Denpasar und bietet sich daher als Ausgangspunkt für Ausflüge an. Aber es lohnt sich auch, Kuta zu entdecken: Im Kuta-Theater sorgen jeden Abend traditionelle Aufführungen mit Tänzern und Tänzerinnen in schillernden balinesischen Tanzkostümen für gute Stimmung. Einige Kilometer nördlich von Kuta befindet sich der Wasserpark Waterbom Bali. Hier gibt es aufregende Wasserrutschen, kinderfreundliche Wasserspiele, tropische Gärten und Pools. Kuta lebt vom Tourismus. Wenn du Unterhaltung, Spaß, Sport, Shopping und Ausflugsmöglichkeiten schätzt, wirst du dich hier wohlfühlen.

→ Nusa Dua

Das Touristenresort Nusa Dua liegt rund 40 Kilometer von Denpasar entfernt. Die Stadt an der Südostküste zieht Reisende mit gehobenem Geschmack an. Sie ist eine vornehme Enklave, die von internationalen Luxushotels, luxuriösen Spas und ausgezeichneten Golfplätzen geprägt ist. Die indonesische Regierung baute Nusa Dua in Kooperation mit der Weltbank, um den Wunsch einer anspruchsvollen Klientel nach entspannten Ferien in komfortablem Ambiente zu erfüllen.

→ Sanur

Seitdem der Pauschaltourismus in Sanur angekommen ist, finden sich dort zahlreiche Hotels der mittleren und gehobenen Kategorie sowie eine große Auswahl an Restaurants.
Sanur ist ein typischer Touristenbadeort. Besonders sehenswert sind der kilometerlange Küstenabschnitt und die schöne Strandpromenade. Für Surfer*innen herrschen gute Bedingungen. Sanur bietet nämlich mehrere Breaks für alle, von Anfänger bis Profi. Angefangen beim „Baby Riff" für die Anfänger über das „Secret Riff" und schließlich das „Hyatt Riff" für die Profis. Sie sind allerdings weit weg vom Strand, daher fährst du mit einem Boot zu ihnen.

→ Seminyak

Am südlichen Ende Balis liegt Seminyak. Der Urlaubsort ist für seine weißen Strände bekannt. Seine sechs Hauptstrände sind Double Six Beach, Berawa Beach, Batu Belig Beach, Sanur Beach und Kelan Beach. Sie liegen jeweils nur wenige Fahrminuten voneinander entfernt. Die Umgebung von Seminyak ist eine Schatztruhe voller Naturwunder! Am schönsten sind Wasserfälle wie der Kanto Lampo. Er brachte es als Fotomotiv zur Instagram-Berühmtheit.

→ Uluwatu

Das entspannte Uluwatu liegt ein wenig abseits der touristischen Pfade und ist mit seinen erstklassigen Surfspots ein Mekka für Surfer*innen, die Natur pur erleben wollen.
Die hügelige Halbinsel an der Südspitze Balis ist ein trendiges Reiseziel. Vom Aussichtspunkt an der Nordspitze des Balangan Beach hast du einen atemberaubenden Panoramablick auf den 200 Meter breiten Sandstrand. Während des Sonnenuntergangs trifft man hier Brautpaare und Hochzeitsfotografen, die im Licht der untergehenden Sonne einzigartige Hochzeitsfotos machen. Die Gegend ist ruhig und überschaubar und lässt sich gut mit dem Motorrad erkunden.

Die schönsten Strände im Süden von Bali

Bali ist ringsum von Stränden umgeben. Es gibt schwarze Vulkansandstrände, weitläufige Bilderbuchstrände und romantische Sandbuchten. Die meisten Strände eignen sich ideal zum Sonnen und Entspannen, für Strandspaziergänge und Yoga am Strand. Zu den Top-7-Stränden im Süden Balis gehören:

→ Sanur Beach

Der Stadtstrand von Denpasar ist circa drei Kilometer lang. Entlang seiner schönen Promenade liegen exklusive Ferienresorts, denn dieser Strandabschnitt ist einer der besten Sandstrände auf Bali: Er ist feinsandig und für jeden ist etwas dabei: Flaches Wasser am Strand, Surf- und Tauchmöglichkeiten weiter draußen. Die Aussicht auf das Meer und den Vulkan Mount Agung in der Ferne ist magisch! An Tagen mit klarer Sicht sieht man sogar die Umrisse des Mount Rinjani auf der Insel Lombok.

→ Jimbaran Beach

Jimbaran Beach erreichst du über eine belebte Straße. An ihrem Ende kannst du kostenlos parken. Am weitläufigen Strand kannst du dich auf dem hellen Sand sonnen oder einen Spaziergang machen. Wegen der zahlreichen Restaurants und der vielen Strandbesucher*innen laufen dort häufig Hunde frei herum. Sie sind jedoch nicht aggressiv. Jimbaran Beach ist familienfreundlich und eignet sich als Ausflugsziel mit Kindern.

→ Batu Bolong Beach

Der Batu Bolong Beach in Canggu ist bei Surfer*innen und anderen Wassersportler*innen wegen verschiedenen Wellen für alle Könner-Stufen sehr beliebt. Er ist einfach zu erreichen, deshalb trifft man dort meist viele Touristen. Allerdings ist es nicht ungefährlich, hier zu schwimmen, die Wellen sind teilweise sehr hoch. Am Strand werden Getränke angeboten. So du mit dem Auto anreist, kannst du die Parkplätze nutzen; sie sind allerdings gebührenpflichtig.

→ Green Bowl Beach

Der Green Bowl Beach ist ein toller Anblick! Er liegt an der felsigen Steilküste und ist von grünen Wäldern umgeben. Allein wegen dieses Anblicks lohnt ein Badeausflug. Beim Sonnenbaden siehst du zu, wie die Wellen gegen die Felsen branden; die Gegend am Green Bowl Beach ist wegen des starken Wellengangs ein beliebter Surfspot. Allerdings ist der feinsandige Strand nur über Treppen erreichbar. Dafür kannst du dein Auto auf dem Parkplatz oben an der Steilküste kostenfrei parken.

→ Nungalan Beach

Nungalan Beach liegt an einer Steilküste und ist daher nicht so leicht erreichbar. Stellenweise führt die Strecke sogar durch den Regenwald, dann musst du

noch viele Höhenmeter bewältigen, um über hügeliges Gelände zum Strand vorzustoßen. Doch die Mühe lohnt sich: Der Strand ist wunderschön und besteht aus feinem hellem Sand. Mitten am Strand liegt ein Schiffswrack – ein Highlight und beliebtes Fotomotiv. In der ruhigen Sandbucht triffst du vor allem auf Einheimische und Händler*innen, die Getränke anbieten.

→ Balangan Beach

Balangan Beach ist ein idealer Ort, um zu relaxen. Der hellsandige breite Balangan Beach bildet einen wundervollen Kontrast zum türkisfarbenen Wasser des Indischen Ozeans. Die Wellen rollen sanft aus, sodass auch Kinder am Strand spielen können. Auf den Plattformen nördlich des Strandes machen frisch Vermählte Hochzeitsfotos. Am Meer gibt es einige Restaurants und Hotels.

→ Bingin Beach

Der Bingin Beach liegt etwas versteckt. Er ist über einige Treppenstufen zu erreichen. Zwar ist er sauber und gepflegt, aber viel Platz zum Sonnen gibt es nicht. Allerdings besuchen nur wenige Menschen die Sandbucht, ein eigenes Fleckchen Strand ist dir daher sicher. In Strandnähe liegen Restaurants, von da aus kannst du beim Abendessen farbenfrohe tropische Sonnenuntergänge beobachten.

Komfortabel übernachten

Die touristische Infrastruktur auf Bali ist gut ausgebaut und vielseitig. Deshalb bleiben bei der Auswahl einer Unterkunft keine Wünsche offen. Es gibt alles – vom einfachen Privatzimmer bis hin zum Luxushotel. Am besten reservierst du das Hotelzimmer bereits frühzeitig, denn dann ist die Auswahl besonders groß und deine favorisierte Zimmerkategorie ist noch verfügbar. Unsere Hoteltipps sind natürlich „nur" Vorschläge.

→ Udara Bali Yoga Detox & Spa ★★★★, Canggu

Das 4-Sterne-Hotel liegt nur wenige Schritte vom Sesah Beach entfernt. Es bietet klimatisierte Zimmer mit kostenlosem WLAN, ein Spa und ein Wellnesscenter, ein Restaurant, eine 24-Stunden-Rezeption und ein Flughafenshuttle. Preis pro Person und Woche in der Hochsaison circa 2.000 Euro, inklusive einem außergewöhnlichen Frühstück.

→ Inna Sindhu Beach Hotel & Resort ★★★, Sanur

Das Mittelklassehotel und Resort in Sanur verfügt über einen Außenpool, eine Strandbar und ein Restaurant. Die komfortablen Zimmer haben einen Balkon und sind mit Kabel-/Sat-TV, Kühlschrank und Schreibtisch ausgestattet. In der Lobby findest du eine Geldwechselstube und einen Wäscheservice. Eine Woche im Doppelzimmer kostet ab 470 Euro (nur Übernachtung).

→ AlamKulkul Boutique Resort ★★★★, Kuta

Das Hotel ist wie ein indonesisches Dorf gestaltet und hat komfortable Zimmer, die mit antiken Möbeln eingerichtet sind. Zu den Annehmlichkeiten zählen zwei Restaurants, zwei Außenpools und ein Wellnesscenter.

Die Inselhauptstadt Denpasar ist acht Kilometer entfernt. Zum Hotel gehört ein tropischer Garten. Von den meisten Räumen hat man einen schönen Blick auf die umliegenden Reisfelder. Bis zum Kuta Beach sind es fünf Gehminuten. Eine Woche im Doppelzimmer kostet circa 500 Euro plus 9 Euro täglich für das Frühstück.

→ Umagiri Guesthouse ★, Sanur

Das neu renovierte Guesthouse liegt in einer ruhigen Seitenstraße und besitzt einen schönen Innenhof. Zum Strand sind es circa 600 Meter. In unmittelbarer Nähe findest du Einkaufsmöglichkeiten und Restaurants. Die Zimmerpreise variieren je nach Saison; das Hotel teilt sie auf Anfrage mit.

→ Budget Hostels ★, Canggu

Seine ruhige Lage und gemütliche Zimmer – das zeichnet das Laksmi Guest House aus. Die Übernachtungspreise vereinbart man mit dem Gästehaus.

UNSER TIPP:

Sofern du unabhängig sein und dich selbst verpflegen möchtest, entscheide dich für eine Ferienwohnung oder ein Hotelappartement. In den Badeorten im Süden gibt es eine Vielzahl exklusiver und hochwertiger, aber auch einfacher Unterkünfte.

Essen gehen

Auf Bali erwartet dich eine Vielfalt an Restaurants, kleinen Gaststuben und Straßenständen mit leckerem Streetfood. In den einfachen Lokalen wird meist heimische Küche serviert, exklusive Restaurants bieten oft gehobene Küche.

→ Kayumanis Resto Jimbaran | €€

Das beliebte indonesische Restaurant befindet sich inmitten des balinesischen Gartens von Jimbaran. Das Kayumanis Resto Jimbaran hat eine Speisekarte für Erwachsene und eine für Kinder und bietet zudem Yoga-Kurse an. Der aufmerksame Service und der schöne Garten machen das Kayumanis Resto Jimbaran zu einem beliebten Treffpunkt.

→ Spice Mantraa Indian Cuisine | €€€

Das Spice Mantraa in Kuta serviert indische Cuisine auf hohem Niveau. Die umfangreiche Speisekarte umfasst Gerichte der klassischen nordindischen Küche und exotische Speisen aus anderen Regionen Indiens. Auch anspruchsvolle Gourmets finden im Spice schmackhafte Gerichte. Der Service ist zuvorkommend, die Einrichtung ist exklusiv – beides trägt zum besonderen Dining-Erlebnis bei.

→ Opia Bali Jimbaran | € € €

Das asiatische Restaurant in Jimbaran bietet neben einer atemberaubenden Aussicht auf die Bucht innovative Cocktails sowie Klassiker der indonesischen, chinesischen und thailändischen Küche. Gekocht wird mit lokalen Produkten aus Bali.

→ Azul Beach Club Bali nördlich von Kuta | €

Der Azul Beach Club Bali ist eine gelungene Kombination aus Restaurant und Bar. Für balinesisches Flair sorgt das Open-Air-Design, das vor allem aus Bambus besteht. Sehens- und besuchenswert ist der Infinity-Pool. Während der Happy Hour von 17 bis 19 Uhr lohnt sich besonders das Bintang-Bier.

→ Kayuputi südlich Nusa Dua | € € €

Das weltbekannte Restaurant ist die erste Adresse in Nusa Dua für Luxus, Komfort und ein exklusives Speiseangebot mit kreativen Gerichten der modernen asiatischen Küche.

Das Kayuputi gehört zum Luxushotel St. Regis. Ein besonderes Erlebnis ist der einzigartige Blick auf den Indischen Ozean. Die Weinkarte des Kayuputi enthält einige der besten Weine der Welt. Die Preise liegen zwar über dem Durchschnitt, aber das ausgezeichnete Essen, das Ambiente, die Aussicht und der fantastische Service sind die Investition wert.

FOOD Guide BALI

Lerne balinesische Spezialitäten kennen

Die Küche der Insel ist sowohl fernöstlich als auch orientalisch inspiriert. Anders als in anderen Teilen Indonesiens wird in Bali auch Schweinefleisch gegessen. Bali unterscheidet sich durch seine hinduistische Bevölkerung vom übrigen Land, das größtenteils muslimisch geprägt ist. Da Kühe in der Hindureligion heilige Tiere sind, spielt Schweinefleisch in der balinesischen Küche eine große Rolle. Manche Spezialitäten sind so beliebt, dass du sie in vielen balinesischen Restaurants findest.

Babi Guling

Babi Guling ist eine typische indonesische Mahlzeit. Das Schweinefleisch ist mit einer exotischen Würzmischung gefüllt und wird am Spieß gegrillt. Dazu servieren die Balinesen Reis, Lawar und Sambal.

Satéspieß

Gegrillte Spieße gibt es überall und in unzähligen Variationen. Es gibt mehr als 20 Satévarianten, du bekommst sie am Straßenstand, aber auch im Gourmetrestaurant. Das bekannteste Saté besteht aus Huhn mit Erdnusssauce. Satéspieße („Satay") gibt es auch mit Lammfleisch, Fisch und Tofu.

Lawar

Bakso Ayam

Lawar ist ein knackiger Salat, der mit Hackfleisch, Gemüse, Kokosraspeln und einer scharfen Würzpaste zubereitet wird. Es gibt mehrere Varianten: Für Lawar Babi wird Schweinehack verwendet, Lawar Ayam besteht aus Huhn mit Salat.

Bakso Ayam ist eine traditionelle, sehr beliebte Spezialität Indonesiens. Die Hühnersuppe schmeckt in jeder Region ein wenig anders. Das Besondere an ihr sind die Fleischbällchen aus Hühnerfleisch, die in der Suppe schwimmen.

FOOD Guide BALI

Lerne balinesische Spezialitäten kennen

HEISSE UND KALTE GETRÄNKE, *Alkoholika*

Das wichtigste Getränk ist Mineralwasser, das in Plastikflaschen abgefüllt überall auf Bali erhältlich ist. Außerdem gibt es bunte, süß schmeckende Limonaden, die eiskalt serviert werden. Beliebt sind vor allem Limonen-, Orangen- und Zuckerrohrsäfte. Saftstände findest du auf Bali an jeder Straßenecke. Hier wird frisches Obst und Gemüse mit gecrushtem Eis zu leckeren exotischen Säften verarbeitet.

Im muslimisch geprägten Indonesien unterliegen alkoholische Getränke sowie der Verkauf von Alkohol strengen Regeln. Bali ist als beliebtes Urlaubsziel eine Ausnahme. Hier bekommst du alkoholische Getränke in Strandbars, in (fast) jedem Supermarkt, in Hotelbars und in den meisten Restaurants.

Gado Gado („gemischt", „vermengt") ist ein warmer Gemüsesalat aus Tempeh, Tofu, hartgekochten Eiern, Frühlingszwiebeln, Lontong und gerösteten Erdnüssen. Alles wird sorgfältig vermischt. Dazu essen die Balinesen Krabbenchips.

Gado Gado

Gemischter Reis („Nasi Campur") wird in Indonesien zu fast jeder Mahlzeit serviert. Er ist die Grundlage der meisten balinesischen Mahlzeiten. Den Inselklassiker bekommst du an den Foodständen in Städten und Dörfern, aber auch im Restaurant. Zum Reis wird meistens die scharfe Chilisoße Sambal gereicht.

Nasi Campur

Mie Goreng

Mie Goreng ist mit Nasi Goreng eng verwandt, jedoch ist es nicht so bekannt wie das leckere Reisgericht. Nasi Goreng besteht aus gebratenem Reis, Mie Goreng aus gebratenen Reisnudeln. Die Nudeln werden zuerst angebraten und dann mit Gemüse- und Fleischsorten vermischt. Obendrauf kommt ein frisches Spiegelei. Meist wird dazu ein Satéspieß gereicht.

Aktivitäten

Auf Bali bieten Veranstalter und Einheimische unzählige sportliche, unterhaltsame, spannende und einzigartige Aktivitäten an. Es gibt fast nichts, das nicht möglich wäre. So kannst du deinen Urlaub auf Bali individuell und abwechslungsreich gestalten.
Folgende Aktivitäten sind besonders populär:

→ Reiten

Vor allem in Canggu bieten Veranstalter und Einheimische Ausritte am Strand an. Besonders romantisch ist ein Strandritt bei Sonnenaufgang oder Sonnenuntergang. Einige Anbieter holen ihre Kund*innen vom Hotel ab und organisieren den Transfer vom Reitstall ins Hotel.

Meist begleiten erfahrene Reitlehrer*innen die Ausflüge. Pferdetouren führen zu entlegenen Stränden, in balinesische Dörfer und zu Reisfeldern im Inselinneren.

→ Tolle Partys feiern

Bali hat sich auch einen Namen als Partydestination gemacht. Ob an den Stränden, in Diskotheken und Nachtclubs oder in einigen Hotels und Ferienanlagen mit Clubcharakter – überall feiern Einheimische und Reisende ausgelassene Partys. Gefeiert wird bis spät in die Nacht. Auftritte bekannter Künstler*innen sowie namhafter DJs zählen zu den Höhepunkten im abwechslungsreichen Nachtleben Balis. Beach Partys finden allerdings nur während der Trockenzeit im Sommer statt.
Das Gebiet zwischen Kuta, Legian und Seminyak ist die bekannteste Partylocation im Süden Balis. Hier findest du die meisten Nachtclubs, Bars und Diskotheken. Das Epizentrum des Nightlife ist Kuta Beach. Diesen Urlaubsort besucht bevorzugt die junge, feierfreudige Klientel aus Indonesien und Australien. In Kuta kann man auch mit kleinem Budget ausgelassen feiern.

Eher informelle Partys gibt es in Canggu. Der Badeort ist eine ruhige Alternative zum quirligen Seminyak. Im Alternative Beach, einer angesagten Bar, organisiert der Inhaber beispielsweise Poolpartys mit Musik.

→ Surfen

Im Süden Bali gibt es ausgezeichnete Surfreviere. Die bekanntesten sind Kuta Beach, Canggu und Uluwatu. In Kuta sind die Wellen auch für Anfänger*innen geeignet. Als Tourist*in kannst du in den zahlreichen Surfschulen Surfboards ausleihen und Surfkurse absolvieren. Spots für alle Könnerstufen findest du in Canggu. Hier erlebst du mit Riff- und Beachbreaks etwas ganz Besonderes. Padang Padang ist ein berühmter Surfspot auf der Halbinsel Bukit. Die starken Wellen des *left breaks* brechen über einem Riff, deshalb sollten ausschließlich Profis sie surfen. Der *right break* rollt so sanft über dem Sandboden aus, dass auch Anfänger*innen ihre perfekte Welle reiten können.

→ Tauchen

Bali ist eine ausgezeichnete Wassersportdestination. Die schöne Unterwasserwelt zieht Taucher*innen aus aller Welt an. Tauchsaison ist zwischen April und Oktober. In dieser Zeit des Jahres ist das Meer ruhiger und die Sicht besser.

Außerdem ist das Wasser angenehm warm. Im Inselsüden gibt es zahlreiche Tauchschulen, die Tauchkurse anbieten und Tauchgeräte ausleihen. Die meisten Tauchplätze liegen in Strandnähe, nur an wenigen Stellen muss man mit dem Boot ins Tauchgebiet fahren. Unter Wasser begegnest du Seepferdchen, Mantras, Mondfischen und manchmal Haien. Tauche in bunten Korallenriffen und felsigen Unterwasserformationen, aber beachte, dass die Sicht unter Wasser während der Regenzeit getrübt sein kann.

→ Schnorcheln

Wenn du lieber schnorchelst als tauchst, ist der Süden von Bali dein Revier. Bei guter Sicht siehst du unter Wasser unzählige kleine und große Fische in vielen bunten Farben. An einigen Schnorchelspots entdeckst du gesunkene Schiffswracks und mit etwas Glück beobachtest du Schildkröten in ihrer natürlichen Umgebung. Die besten Schnorchelspots liegen zwar im Norden Balis, aber Schnorcheln lohnt sich auch an der Südküste.

Die schönsten Tempelanlagen

Bali wird von vielen das Land der tausend Tempel genannt. Circa 20.000 Tempel („Pura") soll es auf der Insel geben. Viele davon stehen in Privathäusern und sind für die Öffentlichkeit nicht zugänglich. Anders die großen und bekannten Tempelanlagen: Sie beeindrucken Besucher*innen aus der ganzen Welt mit ihrer imposanten Optik. Aber auch die hinduistische Bevölkerung Balis sucht die Tempel häufig auf, schließlich identifiziert sie sich stark mit ihrer Religion.

Der schönste Tempel im Süden ist wohl der Tanah-Lot-Tempel., da er mitten im Meer auf einem künstlichen Felsen steht und beim Sonnenuntergang wunderschön aussieht. Auch wenn Nichtgläubigen eine Besichtigung des Tempels nicht gestattet ist, lohnt sich der Ausflug: Der Tempel ist ein prachtvoller Anblick. Er steht rund 22 Kilometer nördlich von Kuta. Von Canggu sind es ungefähr 13 Kilometer und von Sanur etwa 30 Kilometer bis zu dieser einzigartigen Tempelanlage.

Unbedingt einen Besuch wert ist der faszinierende Klippentempel Pura Luhur Uluwatu! Er ist einer von sechs Haupttempeln auf Bali. Majestätisch thront er über schroffen Felsklippen, ein besonderer Eindruck in der tropischen Landschaft.

INSIDERTIPP:

Kleide dich beim Besuch von Tempelanlagen dezent. Dadurch zeigst du, dass du die Traditionen des Landes respektierst.

→ Der Wassertempel Ubud

Etwas außerhalb von Ubud steht der Pura Tirta Empul, der als „Wassertempel" bekannt ist. Die spirituelle Erfahrung macht ihn zu einer der schönsten Sehenswürdigkeiten auf Bali. Der Pura Tirta Empul als religiöse Stätte genießt aufgrund seiner Einzigartigkeit bei der Bevölkerung hohes Ansehen. Am Eingang kannst du einen Sarong ausleihen, denn Besucher*innen sollen beim Betreten eines Hindutempels dezente Kleidung tragen. Im Tempel gibt es mehrere Wasserbecken, die heiligen Quellen. Dorthin wandern täglich Menschen, um sich mit dem Wasser zu waschen. Das Wasser gilt den Balinesen als heilig. Auch dir als Tourist*in ist es gestattet, in den Quellen am Tirta Empul ein Bad zu nehmen.

→ Die Anlage Pura Luhur Uluwatu

Der Ort Uluwatu ist durch die wunderschöne Anlage Pura Luhur Uluwatu bekannt. Sie gehört zu den neun wichtigsten Tempeln auf Bali. Das Besondere an diesem Tempel ist seine Lage an den Klippen.

UNSER TIPP:
Bei Sonnenuntergang veranstalten Einheimische am Pura Luhur Uluwatu für Besucher*innen Aufführungen des traditionellen Kecak-Tanzes.

Das Schutzgebiet „Heiliger Affenwald“

Eine Sehenswürdigkeit ist das Sacred Monkey Forest Sanctuary. Der Affenwald ist ein Highlight jeder Balireise.

Bereits am Eingang zum Affenwald-Schutzgebiet begegnen dir zutrauliche Affen. Auch deshalb ist das Monkey Forest Sanctuary ein spannendes Ausflugsziel für die ganze Familie. Informiere dich vor Ort über die artgerechte Tierhaltung. Schau dir die liebevolle Versorgung und das Füttern der Affen an. Die Zuneigung der lokalen Bevölkerung zu den „höheren Primaten" ist kein Zufall: Affen werden auf Bali als heilige Tiere verehrt. Dies lässt sich auf die Gottheit Hanuman zurückführen. Der hinduistische Gott wird mit einem menschlichen Körper, einem Affengesicht und einem langen Schwanz dargestellt. Daher nennt man Hanuman auch Affengott.

Unser Tipp: Verstaue alles sicher in deinen Taschen, ob Essen oder auch Smartphones oder Portemonnaie.

Der Affenwald ist nicht nur eine heilige Stätte, sondern erfüllt auch einen Bildungsauftrag: Er soll gezielt das Zusammenleben von Mensch und Tier zu fördern. Im Sacred Monkey Forest Sanctuary leben vor allem Javaneraffen, sogenannte Langschwanzmakaken.

Im Monkey Forest in Ubud liegen drei sehenswerte Tempelanlagen. Sie sind den hinduistischen Gottheiten Brahma, Gangga und Shiva gewidmet.

INSIDERTIPP:

Freilaufende Affen begegnen dir überall auf Bali. Die Tiere sind meist sehr zutraulich und suchen den Kontakt zu Menschen. Oft geht die Affenfreundlichkeit jedoch so weit, dass die Tiere dich berühren und um Leckerli betteln oder dir sogar etwas wegnehmen.

Die schönsten Wasserfälle

Auf ganz Bali gibt es zahlreiche Wasserfälle. Die meisten davon liegen im Süden der Insel, und zwar in der Gegend rund um Ubud. Die schönsten Wasserfälle kannst du bei organisierten Ausflügen in Begleitung eines ortskundigen Guides entdecken.

Wenn du einen Trekkingurlaub auf Bali planst, solltest du die interessantesten Wasserfälle auf einer Karte markieren und sie so in deine Reiseroute integrieren. Aber welche Wasserfälle sind besonders sehenswert?

Mit einer Höhe von knapp 70 Metern ist der Nungnung Waterfall einer der größten Wasserfälle der Insel. Die Wassermassen, die aus dieser Höhe hinabstürzen, sind ein beeindruckender Anblick. Unterhalb des Nungnung Waterfall liegt ein See, in dem man baden kann. Du solltest also Badekleidung und Handtücher einpacken, wenn du einen Ausflug zum Nungnung Waterfall planst. Der

Nungnung-See ist flach und reicht an seiner tiefsten Stelle nur bis zum Bauch eines mittelgroßen Erwachsenen. Er mündet in einen Dschungelfluss.

Der Tukad-Cepung-Wasserfall liegt nördlich von Bangli. Bis vor Kurzem war er ein Geheimtipp. Mittlerweile haben ihn Instagram-Fotos so berühmt gemacht, dass je nach Tageszeit ein mehr oder weniger großer Besucher*innen-Andrang herrscht. Wenn du Menschenansammlungen vermeiden möchtest, solltest du möglichst früh aufbrechen, damit du den Wasserfall vor 9 Uhr erreichst. Eine Alternative ist eine Abendtour.

Der Tukad Cepung ist ein Canyon-Wasserfall. Um ihn zu erreichen, läufst du entlang von Felsen und Klippen durch einen Canyon. Umgeben von Felswänden siehst, hörst und fühlst du die Wassermassen 15 Meter in die Tiefe rauschen. Vom Parkplatz an der Straße brauchst du bis zum Tukad-Cepung-Wasserfall ungefähr 15 Minuten. Der Fußweg führt über einige Stufen und durch den Dschungel bis zum Canyon.

INSIDERTIPP:

In der Stunde vor Sonnenuntergang ist das Licht zum Fotografieren sehr schön.

Weitere Sehenswürdigkeiten im Süden Balis

➜ Die Halbinsel Bukit

Am südlichen Ende Balis liegt Bukit. Das rund 15 Kilometer südlich von Denpasar gelegene Gebiet ist eine Halbinsel. Sie ist mit der Hauptinsel über eine 1,7 Kilometer breite, natürliche Landbrücke verbunden. Auf Bukit liegen der künstlich geschaffene exklusive Badeort Nusa Dua und zahlreiche schöne Sandstrände und Surfspots. Von Nusa Dua aus erreichst du innerhalb weniger Fahrminuten typisch balinesische Dörfer, Sandstrände mit weißlich schimmerndem Sand und hohe Felsklippen. Im Gegensatz zu anderen Teilen der Insel ist die Halbinsel Bukit geprägt von steiniger und trockener Landschaft.

→ Die Reisterrassen von Tegalalang

Schon seit Jahrhunderten wird auf Bali Reis kultiviert. Neben dem Tourismus ist der Reisanbau eine der wichtigsten Einnahmequellen. Rund ein Viertel der Insel besteht aus Reisfeldern und -terrassen.

Die berühmten Reisterrassen von Bali sind seit 2012 sogar Bestandteil des UNESCO-Weltkulturerbes. Die schönsten Terrassen befinden sich außerhalb von Ubud. Sie gehören zu den bekanntesten Sehenswürdigkeiten der Insel. Du erreichst sie mit dem Roller oder Fahrrad in circa 20 bis 30 Minuten. Da sie an der Hauptstraße liegen, kannst du sie bereits aus der Ferne sehen.

Vor den Ubud-Reisterrassen haben sich Straßenhändler und Souvenirmärkte angesiedelt. Bevor du zu dem schmalen Pfad, der durch die Reisfelder führt, gelangst, wirst du wahrscheinlich von Souvenirhändlern angesprochen.

In den Cafés vor Ort kannst du nach der Besichtigung der Reisterrassen eine Pause einlegen An den „Checkpoints" fragen dich die Feldbesitzer*innen möglicherweise nach einem kleinen Trinkgeld. Die Checkpoints sind private Kontrollstellen der Feldbesitzer*innen. Sie sind zwar nicht berechtigt, einen Obolus zu verlangen, können jedoch das Durchqueren ihrer Landfläche verbieten.

INSIDERTIPP:

Wenn dich das Souvenirangebot nicht interessiert, gehe einfach weiter, ohne dich auf Verkaufsgespräche einzulassen.

→ Die Elefantenhöhle von Goa Gajah

Außerhalb von Ubud liegt die historische Goa-Gajah-Elefantenhöhle. Sie ist weniger eine Höhle als ein Elefantentempel und stammt vermutlich aus dem 11. Jahrhundert. Entdeckt wurde sie im Jahr 1923 von einem niederländischen Archäologen. Der Eingang zur Höhle ist als weit geöffneter Mund und steinerne Dämonenvisage gestaltet. Auffällig sind die kugelrunden Augen, die an den Erdgott Kala Boma erinnern. In zahlreichen balinesischen Tempeln bildet das Antlitz Kala Bomas den Eingang zum heiligen Bezirk. Der Gang durch den riesigen Schlund symbolisiert den Tod und die anschließende Reinigung (im Hinduismus gilt, dass man nur rein vor die Götter treten darf). Der schmale, sehr einfach gehaltene Raum im Inneren der Höhle beherbergt eine große Ganesha-Statue und drei steinerne Lingas; die Phallussymbole verkörpern die gewaltige Schöpfungskraft des Gottes Shiva. Aus touristischer, aber auch spiritueller Sicht ist das Besondere an diesem heiligen Ort, dass hier hinduistische Götterstatuen neben buddhistischen Figuren stehen. Die Elefantenhöhle ist einer der wenigen Orte für die friedliche Koexistenz der beiden bedeutenden Religionen.

→ Der Campuhan Ridge Walk

Der Campuhan Ridge Walk ist eine beliebte Wanderroute und gilt als schönste Wanderstrecke auf Bali. Sie beginnt in Ubud und führt in die Natur. Die Route ist nur tagsüber zugänglich und gebührenpflichtig. Nach dem Start im Stadtzentrum von Ubud führt der hübsche Wanderpfad, der auch bei Einheimischen sehr beliebt ist, über einen Hügel in die ländliche Region. Da der Weg asphaltiert ist, kannst du ihn mit dem Fahrrad oder dem Roller befahren. Unterwegs gelangst du zu gemütlichen Cafés, Yogastudios und einem Hindutempel. An der Stelle mit der schönsten Aussicht befindet sich eine Schaukel. Beim Schaukeln kannst du den Panoramablick richtig genießen. Für die Wanderung auf dem Campuhan Ridge Walk bis zu den Reisfeldern brauchst du 20 bis 30 Minuten (einfache Strecke). Auch Kinder können den Wanderweg gut bewältigen.

Der Westen ist der am wenigsten erschlossene und nur dünn besiedelte Teil der Insel. Obwohl er etwa ein Drittel der Gesamtfläche der Insel ausmacht, wird er weit weniger besucht als der populäre Süden. Dabei gibt es hier viel Spannendes zu entdecken: ursprüngliche Landschaften, atemberaubende Landstriche und authentische Erfahrungen.

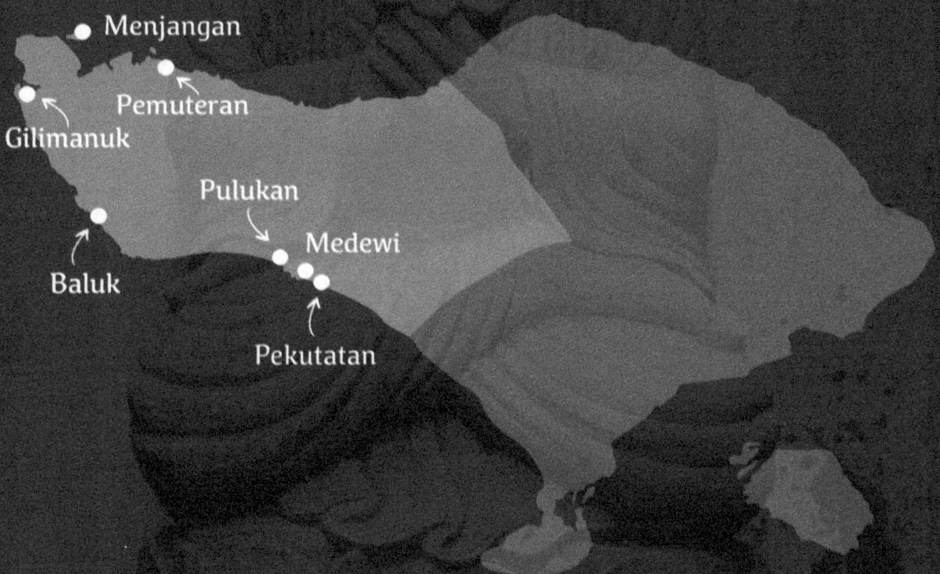

Gerade weil sich der Tourismus vor allem auf den Inselsüden konzentriert, geht es im Westen Balis wesentlich ruhiger zu. Die Landschaft ist von Bergen, Berghängen und engen Tälern geprägt. Der Küstenstreifen ist eher schmal.

Im Jahr 1983 eröffnete der Nationalpark Taman Nasional Bali Barat. Dieser Naturpark bedeckt eine Fläche von 780 Quadratkilometern und besteht größtenteils aus Dschungel und unberührter Natur. Die balinesische Westküste und das Hinterland sind ein Eldorado für Trekkingabenteuer und Outdooraktivitäten wie Wandern und Klettern.

Bekannte Orte im Westen von Bali

→ Pulukan

Du erreichst das Dorf Pulukan vom internationalen Flughafen Ngurah Rai Bali aus mit dem Taxi in circa zweieinhalb Stunden. Vom Hafen Gilimanuk dauert die Anfahrt rund eineinhalb Stunden.

Im Dorf und in der näheren Umgebung gibt es Hotels und Ferienappartements. Natur- und Outdoorliebhaber*innen kommen angesichts schöner, fast unberührter Strände, Natursehenswürdigkeiten und Wildtieren auf ihre Kosten.

→ Medewi

Medewi ist die zweite nennenswerte Ansiedlung an der Westküste Balis. Die Gegend ist ländlich, die großen Badeorte wie Kuta, Canggu und Seminyak sind weit entfernt.

Medewi ist Rückzugsort für Trekkingurlauber*innen, Backpacker*innen, aber auch Reisende mit gehobenen Ansprüchen: Für alle gibt es hier geeignete Unterkünfte. Die schöne Lage, ausgezeichnete Surfmöglichkeiten – Medewi ist einer der besten Surfpots an der balinesischen Westküste – und die lässig-entspannte Atmosphäre sind gute Gründe für eine Auszeit in Medewi.

Die schönsten Strände

Einsame Strände ohne Massentourismus findest du meist im Westen Balis. Wir stellen dir die schönsten Plätze zum Sonnenbaden, Schwimmen, Tauchen und Schnorcheln vor:

→ Medewi Beach

Er genießt bei Surfer*innen aus aller Welt einen exzellenten Ruf. Die Landschaft ist faszinierend, der schwarze Sandstrand ist teilweise von Kieselsteinen geprägt, die Aussicht auf den Indischen Ozean ist fantastisch und auch als Nichtsurfer*in kannst du dich in den Wellen treiben lassen oder dich bei einem Strandspaziergang an einem der schönsten Strände der Westküste entspannen.

→ Yeh Leh Beach

Der Yeh Leh Beach ist ein Naturstrand; er besteht aus Tausenden von Kieselsteinen. Vielleicht besuchen ihn Reisende und Einheimische deshalb so selten. Der Yeh Leh Beach ist ideal, um ruhige Stunden zu verbringen, die Sonne zu genießen und ungestört zu schmökern. Bei Ebbe ragen viele Felsen aus dem Meer; das Wasser hat sie geglättet und sie schimmern im Sonnenlicht in unterschiedlichen Farbtönen. Der Strand von Yeh Leh ist ein Kunstwerk der Natur. Da es wegen der hohen Wellen nicht ungefährlich ist, dort zu schwimmen, eignet er sich eher zum Relaxen oder Spazierengehen.

→ Baluk Rening Beach

Sein schwarz schimmernder Sand macht den Baluk Rening Beach einzigartig. Zwar gibt es in der Umgebung von Pulukan viele Strände mit schwarzem Sand, aber der der Baluk Rening Beach ist besonders leicht zugänglich: Man erreicht ihn über eine asphaltierte Straße und der Weg ist gut ausgeschildert.

Sowohl der Sand als auch das Wasser von Baluk Rening sollen eine Energie enthalten, die sich auf Rheuma und andere Krankheiten günstig auswirkt. Das mag ein Mythos sein, dennoch kommen viele Menschen hierher, um eine „Sandtherapie" zu machen: Man setzt sich hin, vergräbt die Füße im Sand und nimmt seine heilende Energie auf. Auf jeden Fall ist es so, dass das „Eintauchen" in den Sand den Körper erfrischt.

Die Wellen und der Wind am Beluk Baluk Rening Beach sind wie geschaffen für Kanufahren und andere Wasseraktivitäten.

INSIDERTIPP:

An alternativen Therapien interessierte Reisende können sich vor Ort über die Sandmethode informieren.

Übernachten

Anders als an der vom Tourismus geprägten Südküste geht es im Westen Balis sehr viel ruhiger und gemütlicher zu. Hier findest du einfache Unterkünfte, Bungalowanlagen inmitten tropischer Gärten und Urlaubsresorts in Strandnähe.

→ Jungle House – surf & stay ★, Medewi

Das Hostel im Stadtteil Medewi ist bei Surfer*innen, Taucher*innen und anderen Wassersportler*innen sehr beliebt. Die Räume sind einfach eingerichtet, es gibt einen Garten und eine Terrasse, Gäste können ihre Mahlzeiten in der Gemeinschaftsküche zubereiten. Vom Hostel aus lohnen sich Fahrradausflüge in die Region.

→ Puri Dajuma Beach Eco-Resort & Spa ★★★★, Pekutatan

Im Puri Dajuma Beach Eco-Resort & Spa übernachten die Gäste in großzügigen balinesischen Cottages. In den Zimmern stehen Himmelbetten und Holz-

möbel. Die Ferienanlage liegt nur wenige Meter vom schwarzen Sandstrand entfernt und hat einen tropischen Garten, Außenpool und Whirlpool sowie ein Spa. Auf dem Gelände kann man kostenfrei parken.

Das Eco-Resort bietet ein Ausflugsprogramm: Gegen eine Gebühr kannst du an Angel-, Tauch- und Wanderausflügen teilnehmen. In der Anlage kannst du Fahrräder und Mietautos ausleihen. Das Rama-Hotelrestaurant serviert westliche, balinesische, japanische und mongolische Grillspeisen. Das Aktivitätenprogramm ist abwechslungsreich: Es gibt Kochkurse, Tanzveranstaltungen, Kurse in balinesischer Dekoration und Schnitzkunst.

→ Wide Sands Beach Retreat ★★★★, Pulukan

Das 4-Sterne-Resort liegt am Pulukan Beach. Die Zimmer sind komfortabel und klimatisiert, die Anlage hat einen Außenpool, ein Restaurant, eine Bar und eine Gemeinschaftslounge. Das Hotel organisiert Ausflüge, beispielsweise zum sieben Kilometer entfernten Rambut-Siwi-Tempel.

Gut essen

An der ruhigen Westküste gibt es weniger Toprestaurants als im Süden Balis. Stattdessen findest du viele kleine Lokale mit überwiegend regionaler Küche. In den Urlaubsorten ist das Speiseangebot jedoch vielfältiger und internationaler als in den Dörfern im Hinterland.

Bekannte Lokale sind:

→ Rumah Makan Restaurant, Pulukan | €

Die Speisekarte ist zwar ausgewogen, besteht aber vor allem aus nationalen Gerichten. Die Spezialität des Hauses: aromatischer Kurkuma-Reis. Alle Gerichte gibt es auch zum Mitnehmen.

→ Tides Restaurant and Bar, Pekutatan | € €

Das beliebte Tides Restaurant and Bar serviert leckere Gerichte der indonesischen Küche. Hier speist du unter freiem Himmel frittierte Snacks wie Gorengan und Gerichte aus zartem Rindfleisch oder Fisch und trinkst dazu frischgepresste Säfte. Restaurant und Bar sind Teil des Boutique-Hotels Kelapa Retreat and Spa.

→ The Holy Tree Kitchen, Pekutatan | €

Im The Holy Tree Kitchen genießt man mexikanische und indonesische Küche und leckere Salate. Außerdem gibt es Kaffee, Smoothies, frisch gepresste Fruchtsäfte und Süßspeisen. Das Restaurant liegt am Strand.

→ Essen in tropischen Ländern: „Bali Belly"

Das Essen, Trinken und Wohnen in tropischen Gegenden kann bei ungeübten Mägen zu Übelkeit, Bauchkrämpfen und Durchfällen führen, zum „Bali Belly". Ursachen einer solchen Magen-Darm-Verstimmung sind ungewohntes Essen, scharfe Gewürze und Eiswürfel, aber auch Hygienemängel. In deine Reiseapotheke solltest du Medikamente gegen Durchfall und Fieber packen; dein Hausarzt oder eine Apotheke helfen dir hier weiter.

Heat It, Boil It, Cook It, Peel It or Forget (Erhitze es, koche es ab, schäle es oder vergiss es), das gilt auch für den Urlaub auf Bali: Meide Leitungswasser und verwende zum Zähneputzen oder Trinken nur abgekochtes Wasser. Verzichte zumindest in den ersten Urlaubstagen auf eisgekühlte Getränke und scharf gewürzte Speisen. Sobald sich dein Magen an die indonesische Küche gewöhnt hat, kannst du die köstlichen Speisen genießen.

Sport und andere Aktivitäten

→ Durch Reisfelder wandern

Im Westen Balis sind die Reisfelder und -terrassen von Wanderwegen durchzogen. Auch mit Kindern kannst du hier gut wandern. Achte bei der Länge und Dauer eurer Wanderung auf die Fitness von dir und deiner Wandergruppe.

→ Tauchen und Wandern auf Menjangan

Die Insel Menjangan, die „Insel der Hirsche", gehört zum Nationalpark Bali Barat. Sie ist nur zwei Kilometer lang und liegt in einem Wasserschutzgebiet. Wenn du hier tauchen möchtest, brauchst du eine Genehmigung; du bekommst sie in der Forschungsstation Labuhan Lalang. Von hier aus setzt dich ein Tourguide auf die Insel der Hirsche über. Nimm Lebensmittel und Getränke mit, denn auf Menjangan gibt es weder einen Supermarkt noch Restaurants.

Bei Menjangan sind die Tauchgründe einmalig, sie gehören zu den besten Balis. Intakte, dicht bewachsene Riffe bieten unzähligen Meeresbewohnern und Pflanzen einen geschützten Lebensraum. Mit etwas Glück begegnest du Skorpion- und Fledermausfischen, siehst Gorgonien-Fächerkorallen, Seepferdchen und Geisterpfeifenfetzenfische und vielleicht triffst du sogar auf Haie, Zackenbarsche, Mantas, Barrakudas und Schildkröten – die Insel der Hirsche liegt nahe der Java-Straße.
Auf Menjangan kannst du schöne Wanderungen machen. Es empfiehlt sich, Dschungelwanderungen zusammen mit einem ortskundigen Guide zu machen, denn auf Menjangan gibt es giftige Schlangen. Am Strand sind wenige Reptilien, daher kannst du hier eine Badepause einlegen.

→ Surfen in Medewi

Das Meer vor Medewi ist Balis längster Linkshand-Break. In der Bucht gibt es einige gute Spots, an denen Anfänger*innen zurechtkommen. Doch selbst fortgeschrittene Surfer*innen kommen auf ihre Kosten. In der Nähe des Surfreviers findest du einige Hotels, zum Beispiel das Wide Sands Beach Retreat, oder das Medewi Beach View Villas.

→ Kajakfahren in Pemuteran

In der Nähe des Küstenorts Pemuteran liegt die Bucht von Sumberkima und der gleichnamige Strand. Er ist von Mangroven gesäumt, Reisende, aber auch Einheimische baden in der Sonne und im Meer. Von hier aus kannst du Kajaktouren unternehmen. Sie werden von der NGO Metaformosa organisiert. Deren Mission ist es, durch die Wiederherstellung des Riffs und die Wiederaufforstung der Hügel ein gesundes Ökosystem zu schaffen. Sie tut dies in Zusammenarbeit mit der Dorfgemeinschaft, um mehr Einkommen und eine bessere Zukunft für die Gemeinde zu schaffen.

→ Yoga am Balian Beach

Balian ist ein kleines und von Reisfeldern umgebenes Dorf. Bevor die ersten Surfer*innen die starke Strömung und die mächtigen Wellen am Balian Beach entdeckten, hatten sich in den ursprünglichen Ort nur selten Reisende verirrt. Mittlerweile gibt es rund um Balian Yoga-Shalas, manche ganz nah am Strand, andere mit Blick auf die tropische Landschaft. Hier kannst du Yogakurse besuchen und sogar die Ausbildung für Yogalehrer*innen absolvieren. Wenn du an einer Yogasession teilnehmen möchtest, kannst du dich an der Rezeption des Hotels Pondok Pitaya über Termine und Orte informieren.

Ausflugsziele

Obwohl der Westen Balis landschaftlich und kulturell viel bietet, reisen nur wenige Tourist*innen hierher. Dabei ist die Westküste authentischer als die vom Tourismus geprägte Südküste. Natur, Wasserfälle, Obst-, Kaffee- und Kakaoplantagen lohnen sich für Ausflüge ins Grüne. Lerne das balinesische Dorfleben kennen, erkunde den Nationalpark und schau dir die schönsten Tempelanlagen der Insel an.

→ Der Nationalpark Taman Nasional Bali Barat

Der Westen ist die am wenigsten erschlossene Region auf Bali. Im Hinterland liegt ein Gebirge und die Region ist von steilen Berghängen geprägt, daher ist sie nur sehr dünn besiedelt.

Den Großteil des Inselwestens nimmt mit 780 Quadratkilometern der Nationalpark Taman Nasional Bali Barat ein. Er wurde im Jahr 1983 eröffnet; auf geführten

Touren entdeckst du einzigartige Naturlandschaften. Seine höchsten Berge sind der Gunung Mesehe (1.344 Meter), der Vulkan Gunung Merbuk (1.386 Meter) und der Gunung Patas (1.580 Meter).

Im Nationalpark sind viele seltene Pflanzen und Wildtiere beheimatet. Einst lebten zwischen den Vulkanen im Regenwald balinesische Tiger; mittlerweile ist diese Art ausgestorben. Gefährdete, aber geschützte Tierarten sind die Zibetkatze, das Wildrind Bateng und der Bali Star, eine Vogelart aus der Gruppe der Stare. Sie zählen zu den Attraktionen im Nationalpark. Neben Leoparden, Rotwild, Affen gibt es auch noch circa zweihundert Vogelarten im Park.

Die Landschaft wirkt mystisch und ist faszinierend. Die immergrünen Primärwälder, Mangrovensümpfe, Palmsavannen und Monsunwälder kannst du nur auf wenigen Wanderwegen erkunden und Trekking auf eigene Faust ist gar nicht möglich.
Besucherausweise für den Park stellen die Rangerstationen aus.

→ Die Hafenstadt Gilimanuk

Von Gilimanuk kannst du Schiffsausflüge zur Nachbarinsel Java machen. Die Fähren fahren regelmäßig über die Bali-Straße (Selat Bali) und verbinden Balis Westen mit Ostjava. Sie transportieren Personen, Autos, Busse, Lkws und Motorräder. Alle 20 beziehungsweise 30 Minuten verkehren die Autofähren zwischen Gilimanuk und Ketapang sowie Banyuwangi. Je nach Zielhafen dauert eine Überfahrt etwa 30 bis 60 Minuten.

In der Hochsaison wartet man am Fährhafen manchmal einige Stunden bis zur Abfahrt der Fähre. Bringe also Geduld und etwas zum Lesen mit oder vertreibe dir die Zeit bei einem Rundgang durch den großen Hafen. Viele Imbissstände und kleinere Restaurants bieten landestypische Speisen und Getränke an. Am Hafen gibt es eine Aussichtsplattform mit toller Aussicht über den Hafen und die Bali-Straße bis zur Insel Java.

→ Selat Bali – die Meerenge zwischen Bali und Java

Während der Eiszeit waren Bali und Java miteinander verbunden. Heute trennen die gewaltigen Wassermassen der zweieinhalb Kilometer breiten Meerenge Selat Bali die beiden Eilande und die Bali-Straße verbindet die Balisee mit dem Indischen Ozean. Immer noch ähneln sich Flora und Fauna beider Inseln.

Von Gilimanuk aus erreichst du nach kurzer Schiffsfahrt die Insel Java, das wirtschaftliche Zentrum des Landes. Das Hafenstädtchen Ketapang ist touristisch geprägt, verfügt über einige Übernachtungsmöglichkeiten, einen Fischmarkt und schöne Strände, zum Beispiel den Savana Beach und den Pulau Santen Beach.

Reisterrassen, Berge, Vulkanlandschaften, Dschungel, Wasserfälle, heiße Quellen und wunderschöne Strände – das ist der Norden der Insel Bali.

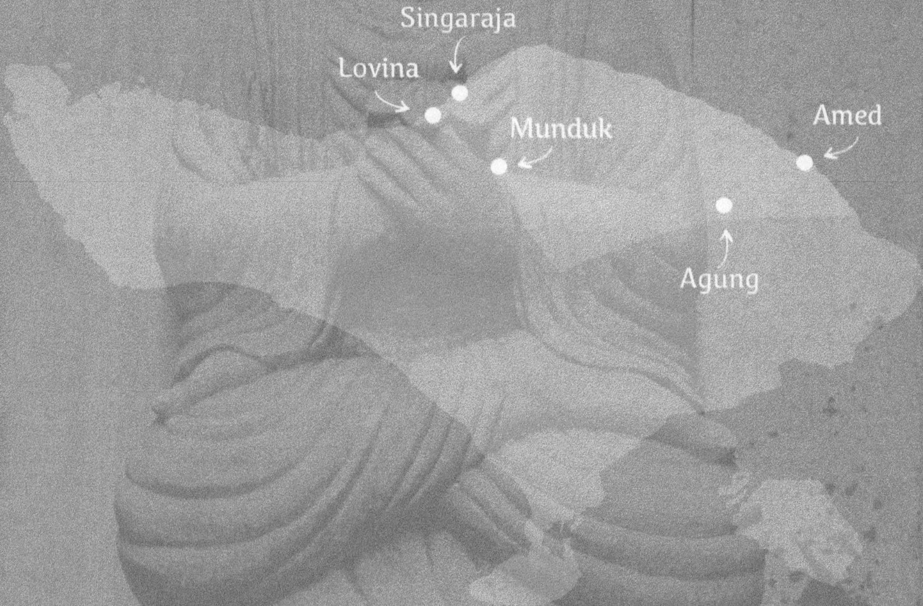

Die Küste ist wie geschaffen für einen Traumurlaub, sie ist die ruhigste Küste Balis. Das Hinterland mit den typisch balinesischen Dörfern ist malerisch; durch die Dörfer führen einige Wanderwege.

Im Badeort Lovina geht es gemütlicher als in den Touristenhochburgen im Süden zu. Allerdings ist die Auswahl bei den Unterkünften weniger groß, viele Hotels sind einfach ausgestattet oder in die Jahre gekommen.

Die schönsten Ferienorte

→ Lovina

Im Zentrum der circa 180 Kilometer langen Nordküste liegt der Küstenort Lovina. Er ist der wichtigste Badeort im Norden Balis, daher findest du hier viele Hotels und private Unterkünfte.

Von diesem Ort aus kannst du viele Sehenswürdigkeiten erkunden. In der Umgebung gibt es Tempel, gemütliche Dörfer und Vulkane mit Kraterseen. Der Ferienort liegt in einer der schönsten Regionen Balis und hat viele Attraktionen, beispielsweise Schwimmen mit Delfinen.

→ Der Tauchort Amed

Amed ist ein malerisches Fischerdorf, es liegt am östlichen Ende der Nordküste. Die Ortschaft ist pittoresk und hat sich zu einem der bekanntesten Tauchspots auf Bali entwickelt. Der Tauchtourismus ist die wichtigste Einnahmequelle der Dorfbewohner*innen. Im Ort und in der Umgebung haben sich Tauchschulen angesiedelt; sie bieten Kurse an und verleihen Tauchausrüstungen. Getaucht wird an der Jemeluk Bay, an den Amed Walls, Gili Selang und an der Lipah Bay. Jeder Tauchplatz ist einzigartig. Unter Wasser siehst du wunderschöne Korallengärten, erkundest Schiffswracks, entdeckst unberührte Weichkorallen und Seefarne und triffst auf den berühmten Mondfisch Mola Mola.

INSIDERTIPP:

Von Gilimanuk fährt der Bus entlang der Nordküste bis nach Lovina. Die Fahrt mit dem lokalen Linienbus ist ein Erlebnis. Unterwegs hält er oft an, weil weitere Fahrgäste zu- und aussteigen. Plane daher für die 80 Kilometer Gilimanuk-Hafen bis Lovina circa zweieinhalb Stunden Fahrtzeit ein.

Die besten Strände

Die Strände bestehen überwiegend aus schwarzem, schimmerndem Lavasand. An der Nordküste gibt es meistens keine großen Wellen, daher sind die Strände ideal zum Sonnenbaden, Schwimmen und Schnorcheln.

Selbst in der Hochsaison trifft man nur wenige Tourist*innen. Du hast somit viel Platz und findest immer einen ruhigen Ort zum Relaxen.

→ Lovina Beach

Der Strand in Lovina ist der bekannteste an der Nordküste. Hier ist zwar alles auf den Komfort von Tourist*innen ausgerichtet, jedoch unterscheidet sich der Badeort erheblich von der Atmosphäre in Touristenzentren wie Kuta und Seminyak, wo es sehr lebhaft zugeht. Lovina Beach liegt circa neun Kilometer von der

Provinzhauptstadt Singaraja entfernt. Der acht Kilometer lange Küstenstreifen besteht anders als die berühmten Sandstrände Balis aus schwarzem und grauem Vulkansand. Entlang der Lovina-Küste findest du zahlreiche Unterkünfte – von Luxushotels zu einfachen Tauchresorts und privaten Homestays.

→ Amed Beach

Der Strand von Amed bietet eine wunderschöne Aussicht auf den Ozean und eine lässig-entspannte Atmosphäre. Frischverliebte, Hochzeitsreisende und alle, die sich gern zurückziehen, schätzen ihn sehr.

→ Agung Beach

Inmitten einer atemberaubenden Landschaft liegt der Agung Beach. Er ist optimal für Strandwanderungen oder für Beobachtungen der Tierwelt. Leider sorgen vereinzelt herumliegende Trümmerteile für einen negativen ersten Eindruck.

→ Ein ehrliches Wort über Balis Strände

Bali gilt als Trauminsel mit wunderschönen Sandstränden. Viele Strände erfüllen dieses Versprechen jedoch nur teilweise. Seit einigen Jahren hat die Insel ein Müllproblem. Achtlos weggeworfene Plastikflaschen, Autoreifen und anderer Unrat bedecken die Strände. An die Küsten wird jeden Tag Abfall angeschwemmt. Der Müll aus Städten und Dörfern wird verbrannt. Allerdings gelangt ein Teil des Unrats in Straßengräben und Flüsse und wird von hier aus ins Meer gespült.

Inzwischen streben zahlreiche Umweltaktivisten danach, die Strände vom Abfall zu befreien. Vor allem gemeindebasierte Organisationen und Freiwilligenbewegungen arbeiten engagiert daran, die Strände zu abfallfreien Traumstränden zu machen.

Mit Müll am Strand musst du vor allem an Stränden in touristisch geprägten Orten rechnen. In den weniger gut besuchten Gegenden im Westen, Norden oder Osten Balis sind die Strände meist sauberer.

Trage dazu bei, dass kein Abfall die Strände verunstaltet. Hinterlasse weder Essensreste noch Getränkedosen oder Verpackungen. Wirf Abfälle in Mülltonnen oder entsorge sie in deinem Hotel. Umsichtiges Handeln ist erwünscht! Es dient dem Umweltschutz und dem Erhalt von Urlaubsparadiesen wie Bali.

Übernachtungstipps

→ Bali Mountain Resort Munduk Moding Plantation ★★★★

Inmitten unberührter Natur und in der Nähe der Nordküste liegt das Bali Mountain Resort. Es ist Teil der Munduk Moding Plantation in Munduk.

Die Suiten und Villen sind sehr luxuriös und komfortabel. Zum Resort gehören ein Infinity-Außenpool, ein Whirlpool, ein Spa und Restaurants. Der Blick vom Pool auf die Kaffeebäume, Reisfelder und Berge ist atemberaubend. Fünf Autominuten entfernt liegen findest du den Lake Buyan und den Kratersee Danau Tamblingan. Für die Wanderung von der Ferienanlage zum Munduk-Wasserfall brauchst du circa 15 Minuten.

→ Alamanda Lovina ★★★★

Die Suiten und Bungalows des Alamanda Lovina sind bequem und mit allem, was man braucht, eingerichtet und haben eine eigene Terrasse. Es gibt einen Infinity-Pool und ein Restaurant. Außerdem bietet das Resort Massagen und Yoga an. Der Strand von Lovina ist zwar fast drei Kilometer entfernt, aber zweimal täglich gibt es einen kostenlosen Shuttle-Service, den das Hotel organisiert.

→ Villa Seruni Lovina ★★★★★

Die 300 Quadratmeter große private Villa verfügt über drei Schlaf- und drei Badezimmer. Es gibt einen Pool, einen schönen Garten sowie kostenfreie Privatparkplätze. In der voll ausgestatteten Küche kannst du Mahlzeiten zubereiten. Morgens wird ein asiatisches, amerikanisches oder vegetarisches Frühstück in der Villa serviert.

→ Funky Place ★★

Das beliebte Hostel liegt zentral und unmittelbar am Strand. Die Zimmer verfügen teilweise über ein eigenes Bad und sind einfach eingerichtet. Zubehör für die Zubereitung von Tee und Kaffee ist vorhanden. Frühstück, Mittag- und Abendessen kannst du im Café des Funky Place einnehmen. An den Wochenenden finden Grillabende, aber auch Abendveranstaltungen mit traditionell balinesischem Tanz und Livemusik statt. Im Funky Place gibt es einen Souvenirladen und ein Wellnesscenter mit Biokosmetik. Die Mitarbeiter*innen unterstützen bei der Planung von Ausflügen und Aktivitäten wie Motorradtouren, Schnorcheln und Tauchen.

Restaurants an der Küste

Die meisten Restaurants an der Nordküste Balis bieten schöne Ausblicke auf den Ozean, die Berge und die Vulkanlandschaft. Die Auswahl der Speisen reicht von Fisch und frischen Meeresfrüchten über Fleischgerichte bis hin zu vegetarischen Mahlzeiten. Bei der Zubereitung setzen die Köch*innen oft Bio-produkte von Plantagen aus der Gegend ein. Einige Cafés und Restaurants sind besonders beliebt.

→ Akar Café Lovina | €

Im gemütlichen, zwanglosen Akar Café Lovina wählst du zwischen vielen vegetarischen und veganen Gerichte, zum Frühstück zum Beispiel Müslis und Wraps. Auf der Speisekarte stehen Snacks, Tapas, thailändische Nudelgerichte, indischer Lassi und orientalische Speisen wie Falafel und Salate. Zum Nachtisch ordern die Gäste gern hausgemachtes Kaffee-Eis.

→ La Costa Strand-Lounge, Temukus | € €

Die La Costa Strand-Lounge ist Restaurant und Lounge in einem. Das Lokal liegt am Strandabschnitt der Freizeitanlage „Krisna Water Sports". Beliebt ist es vor allem bei Wassersportler*innen, die sich nach Jetski- oder Bananenbootfahrten

erfrischen wollen. Die Speisekarte ist umfangreich und enthält eine Auswahl an Gerichten der asiatischen und mediterranen Küche. Der Schwerpunkt des Restaurants liegt auf indonesischen und thailändischen Spezialitäten. An der Bar kannst du zwischen alkoholfreien und alkoholischen Getränken wählen.

→ Jasmine Kitchen, Lovina | € €

Das thailändische Restaurant liegt in der Nähe des Hauptstrandes in Lovina. Wir empfehlen eine Tischreservierung, willst du an einem der begehrten Tische auf der Terrasse im Obergeschoss sitzen. Auf der Speisekarte findest du thailändische Gerichte, Suppen, Salate, Meeresfrüchte, Currys und vegetarische Mahlzeiten.

→ Warung Bambu, Singaraja | € €

Das Warung Bambu ist das Toprestaurant in Singaraja. Die Küche serviert leckere Gerichte der indonesischen und asiatischen Küche, aber auch vegane und glutenfreie Speisen. Die Qualität des Essens und der freundliche, zuvorkommende Service machen das Warung Bambu zu einem der beliebtesten Restaurants im Norden Balis. Hier isst man gut und kann an einem der Kochkurse teilnehmen, die regelmäßig stattfinden. Bitte melde dich dafür an.

Aktivitäten

→ Wandern auf den Mount Batur

Der Norden Balis ist ein Paradies für Wanderer*innen und Bergsteiger*innen. Die Gebirgslandschaften mit ihren hohen Gipfeln sorgen für Abwechslung im Wanderprogramm. Tagsüber ist es sehr heiß, daher raten wir dazu, frühmorgens zum Wandern aufzubrechen. Nur dann erlebst du den beeindruckenden Sonnenaufgang auf dem Gipfel des Mount Batur, einem Schichtvulkan von 1.717 Metern Höhe, der vor circa 29.300 Jahren entstanden sein soll und noch aktiv ist. In der Caldera liegen die Dörfer Kedisan, Toya Bungkah und Kintamani und am Ostufer des Kratersees die Ortschaft Trunyan. Hier kannst du übernachten, da es einige Unterkünfte gibt.

Der Mount Batur ist der zweitgrößte Vulkan der Insel. Aus der Ferne wirkt er wie ein Hügel mit Wald und Wiesen. Erst bei der Gipfelbesteigung erkennst du die gewaltigen Ausmaße der kesselförmigen Oberflächenform vulkanischen Ursprungs. Der Vulkan brach zuletzt 1999 und 2000 aus und zählt seit 2012 zu den internationalen Geoparks der UNESCO. Von Denpasar zum Mount Batur brauchst du zwei Autostunden, du kannst den Gipfel also auch besteigen, wenn du im Süden Urlaub machst. Zahlreiche Reisebüros und Reiseveranstalter auf Bali organisieren Ausflüge zum Mount Batur.

→ Wassersport

Die Bergseen Danau Buyan und Danau Tamblingan bilden die berühmten Zwillingsseen: Bis zu einem Erdrutsch im Jahr 1818 waren beide ein See. Heutzutage sind die Zwillingsseen im nördlichen balinesischen Hochland ein beliebtes

Ausflugsziel, nicht nur, weil man hier Wassersport machen kann. Auf einer Höhe von circa 1.000 Metern über dem Meeresspiegel hast du von den Seen aus eine atemberaubende Aussicht auf den Urwald. An der Straße, die von Bedugul in die Berge führt, gibt es Aussichtspunkte, die man als Fotostopps vor traumhafter Bergkulisse nutzen kann. An einigen Stellen sind Requisiten aufgebaut, zum Beispiel Schaukeln. Du darfst sie gegen eine geringe Gebühr nutzen, kannst dir die Münzen aber auch sparen, indem du deine Fotos von einem der Aussichtspunkte aus machst.

→ Baden in den heißen Quellen von Banjar

Die Banjar Hot Springs, ein Thermalbad, werden von einer Schwefelquelle gespeist, die in einem tropischen Garten in Banjar, einer Ortschaft südlich von Lovina, liegt. Im Thermalbad ist das Wasser 38 Grad warm, der Schwefelgehalt liegt bei circa 26 Prozent. Die drei Hauptbecken sind übereinander angeordnet, dazu gibt es ein Kinderbecken. Wasserspeier sorgen für permanenten Wasserzufluss.

Dem natürlichen Heilwasser der Quellen sagt man gesundheitsfördernde Wirkung nach. Nach dem Baden erfrischt man sich in Duschen mit Massagefunktion. Bei Einheimischen sind die Holy Banjar Hot Springs sehr beliebt, daher musst du am Wochenende mit mehr Badegästen rechnen als unter der Woche.

Ausflugsziele und Sehenswürdigkeiten im Norden der Insel

→ Singaraja

Singaraja ist die Provinzhauptstadt. Mit circa 100.000 Einwohner*innen ist sie nach Denpasar die zweitgrößte Stadt Balis. Die Hafenstadt an der Nordküste ist eine multikulturelle Metropole. Hier leben indonesische Muslime mit Hindus und Buddhisten, die aus China eingewandert sind, friedlich zusammen. Singaraja war die Hauptstadt des Königreichs Buleleng und blickt auf eine glanzvolle Geschichte zurück. Sie hat einen historischen Hafen, eine Altstadt mit typisch kolonialer Architektur und den chinesischen Tempel Ling Kwan Kion. Sehenswert ist der Banyuasri-Markt. Der traditionelle, quirlige Wochenmarkt öffnet frühmorgens und bietet neben Obst und Gemüse aus lokalem Anbau günstige landestypische Bekleidung. Bei Dunkelheit wird er als Nachtmarkt zum Treffpunkt der Bevölkerung. An den Imbissständen werden Snacks und balinesische Gerichte angeboten.

EIN TIPP:

Gestalte den Ausflug zu den Jatiluwih-Reisterrassen noch interessanter, indem du vorher oder nachher den Mount Batukaru besteigst.

→ Jatiluwih-Reisterrassen

Reisanbau ist auf Bali von enormer Bedeutung. Reis ist zugleich Grundnahrungs- und Zahlungsmittel. Nicht zuletzt deshalb gehört ein Besuch der Jatiluwih-Reisterrassen zu einem Baliurlaub dazu.

Die berühmtesten Reisfelder und -terrassen sind die Tegalalang-Reisterrassen in der Nähe von Ubud im Süden Balis. Hier ist der Besucherandrang stets groß. Wesentlicher ruhiger geht es im Inselnorden auf den Jatiluwih-Reisterrassen zu. Nur wenige besuchen die saftig grünen Reisfelder am Fuß des Gunung Batukaru. Dabei sind die terrassenförmig angelegten Felder bauliche Meisterwerke – sie gehören zum UNESCO-Weltkulturerbe. Zu den Reisterrassen von Jatiluwih führen vier Wanderwege. Der längste darf mit dem Fahrrad befahren werden.

→ Handara-Tor: „Bali Gate"

Das Handara-Tor wurde als „Bali Gate" weltweit berühmt, es ist auch beeindruckend, aber das Tor ist keine historische Sehenswürdigkeit: Es ist der Haupteingang zum Handara Golf & Resort, einem 4-Sterne-Hotel im Buleleng-Gebiet.

Ikonische Berühmtheit erlangte das Tor als Fotomotiv. Regelmäßig posten Reisende auf Instagram und anderen Plattformen Fotos und Videos vom Bali Gate. Das Tor ist dem Himmelstor des Lempuyang-Tempels im Osten Balis nachempfunden. Als Ort im balinesischen Hochland lohnt sich ein Zwischenstopp: Er ist umrahmt von grüner Berglandschaft. Du kannst dort Kaffee trinken im Golfhotel, Golfspielen auf dem 18-Loch-Golfplatz oder wunderschöne Urlaubsfotos schießen.

Atemberaubende Wasserfälle

Die Gebirgslandschaft im Norden Balis ist geprägt von Wäldern, schmalen Tälern und Wasserfällen. In der Region kannst du eine Vielzahl natürlicher Sehenswürdigkeiten entdecken.

→ Sing-Sing-Angin-Wasserfall

Bislang kennen nur wenige Balireisende den Wasserfall Sing Sing Angin. Der kleine und nicht sehr hohe Wasserfall im abgelegenen Dorf Manikyang ist von natürlicher Schönheit. Entdecke den Ort in den Bergen mit einem Mietauto und erfrische dich im kühlen Wasser des Wasserfalls.

→ Blahmantung-Wasserfall

In Pujungan, einem Dorf im mittleren Hochland, entdeckst du neben dem 25 Meter hohen Blahmantung-Wasserfall zwei weitere Wasserfälle. Sie sind von üppig wachsendem Regenwald umgeben. Vom Parkplatz erreichst du den

Blahmantung-Wasserfall nach kurzem Fußmarsch (circa 800 Meter). Unterwegs siehst du auf beiden Seiten der Straße Orangenplantagen, Kaffee-Anpflanzungen und Kokospalmen. Besuche eine der Plantagen und nehme beispielsweise an einer Kaffeeverkostung teil.

→ Pengempu-Wasserfall

Das Dorf Cau Belayu ist eigentlich für den einen Kilometer entfernten Affenwald von Sangeh bekannt. Der ruhige Wasserfall Pengempu hingegen ist ein Geheimtipp. Du erreichst ihn über einen Wanderweg. Das Plätschern des Wassers und die grüne Vegetation verzaubern und erzeugen eine mystische Atmosphäre.

→ Leke-Leke-Wasserfall

Der Leke-Leke-Wasserfall ist schmal und liegt versteckt in den Bergen. Er ist von Felsen und üppiger Vegetation umgeben. Vom Dorf Antapan aus folgst du dem Wanderweg, der zum Wasserfall führt. Der Boden kann rutschig sein, daher empfehlen wir stabile Wanderschuhe.

➜ Terjun-Munduk-Wasserfall

Der Terjun-Munduk-Wasserfall ist einer der am leichtesten zugänglichen Wasserfälle Balis und liegt am Ende einer abwechslungsreichen Wanderstrecke von circa zwei Kilometern Länge. Sie beginnt östlich von Munduk, einem Dorf in Banjar-Distrikt, das wegen seiner Wandergebiete bei Reisenden sehr beliebt ist. Parke dein Mietauto oder -motorrad auf dem kleinen Parkplatz und orientiere dich an den Hinweisschildern. Nach 20 Minuten Fußweg erreichst du den imposanten Wasserfall. Unterwegs wartet eine Herausforderung auf dich: Der Wanderweg führt durch einen Fluss, den du barfuß durchqueren kannst. Das Ufer ist etwas matschig, mit geeigneten Wanderschuhen überquerst du es aber problemlos. Da der Wasserfall eines der schönsten Naturschauspiele Balis ist, trifft man hier meist viele Besucher*innen. Du solltest daher früh aufstehen, so du die Wanderung zum Wasserfall in Ruhe genießen willst. Außerdem ist ein Bad im eiskalten Wasser früh am Morgen herrlich erfrischend.

➜ Banyumala-Wasserfall

Der Banyumala-Wasserfall ist einer der weniger bekannten Wasserfälle Balis. Er ist ein „Twin-Wasserfall", also ein Wasserfall mit zwei Strömen. Der Anblick der Wassermassen, die 30 bis 40 Meter in die Tiefe stürzen, ist atemberaubend. Von Lovina erreichst du diesen Wasserfall mit dem Mietauto oder dem Roller nach einer Stunde, von Ubud aus brauchst du rund zwei Stunden. Die circa zwei Kilometer lange Piste, die von der Hauptstraße zum Wasserfall führt, erfordert Fahrgeschick. Bevor du den Abstieg zu Fuß beginnst, kannst du dich in einem Warung (ein kleines, einfaches Restaurant) stärken, es liegt gleich neben dem Parkplatz für das Auto oder Motorrad. Der Fußweg führt an einer Kaffeeplantage vorbei hinab ins Tal, anschließend geht es steil bergauf, nach circa 40 Minuten erreichst du den 100 Meter hohen Wasserfall.

Die schönsten Tempelanlagen

→ Pura Besakih

Die Einheimischen bezeichnen den Tempelkomplex Pura Besakih als „Mutter aller Tempel auf Bali". Die größte, heiligste und älteste Tempelanlage der Insel besteht aus 23 Tempeln und drei Heiligtümern. Die Anlage stammt vermutlich aus dem 8. Jahrhundert und wurde am Südwesthang des aktiven Vulkans Gunung Agung auf 950 Metern Höhe über dem Meeresspiegel errichtet.

Der wichtigste Tempel der Anlage, der Pura Penataran Agung Besakih, ist der Gottheit Shiva gewidmet. Das religiöse Bauwerk bildet das Ende einer Prozessionsallee, die mehrere hundert Meter lang ist.
Der Pura Kiduling Kreteg, das zweite Haupttheiligtum des riesigen Tempelkomplexes, ist dem Gott Brahma gewidmet. Das dritte Hauptheiligtum liegt im Westen der Anlage und ist der Gottheit Vishnu gewidmet: der Pura Batu Madeg.

Ein Besuch der Pura-Besakih-Anlage ist ein Erlebnis! Plane genug Zeit ein, damit du mindestens eine der zahlreichen Zeremonien anschauen kannst. Beinahe täglich finden religiöse Feierlichkeiten statt, Balinesen reisen aus allen Inselteilen an und nehmen in traditioneller Kleidung teil. Bei guter Sicht siehst du den Vulkan Gunung Agung und dahinter den Ozean.

→ Ulun-Danu-Bratan-Tempel

Der Ulun-Danu-Bratan-Tempel steht am Rand des Bratansees mitten in den Bergen auf einer Höhe von 1.200 Metern. Das Wasser des Vulkansees gilt Gläubigen als heilig.

Der Ulun-Danu-Bratan-Tempel ist ein bedeutender, dem Schöpfer Shiva geweihter Wassertempel. Im Tempelinneren stehen Buddha-Statuen. Seit seiner Errichtung im Jahr 1663 dient der Tempel für Opferzeremonien für die balinesische Fluss-, Seen- und Wassergöttin Dewi Danu. Die von balinesischen Hindus verehrte Göttin ist eine Manifestation von Parvati, der Gattin Shivas.

Die herrliche Aussicht und die angenehm kühle Brise hoch oben in den Bergen machen einen Ausflug zum Tempel zu einem rundum schönen Erlebnis.

→ Ulun-Danu-Batur-Tempel

Als Bewahrer von Harmonie und Stabilität auf Bali hat der Ulun-Danu-Batur-Tempel in der Hindureligion einen hohen Stellenwert.

Die Tempelanlage ist nach dem Besakih-Tempelkomplex der zweitwichtigste Bergtempel Balis. Zur Anlage zählen neun kleinere Tempel, die mehr als 200 Schreine und Pavillons beherbergen. Seit 1926 steht der Tempelkomplex an diesem Standort, hierher verlegte man ihn von seinem ursprünglichen Platz am Fuße eines aktiven Vulkans. Die Aussicht ist faszinierend, der Tempel liegt auf 900 Metern über dem Meeresspiegel.

Der Inselosten ist ursprünglich und natürlich. Ihren Charme erhält die Region durch Bergdörfer, Wasserfälle, tiefe Schluchten und beschauliche Strände. Allerdings sorgen einige aktive Vulkane dafür, dass sie nicht allzu dicht besiedelt ist.

Der höchste Berg in diesem Teil Balis ist der 3.142 Meter hohe Gunung Agung, ein aktiver Vulkan, der das letzte Mal 1963 ausbrach.. Die Lavamassen zerstörten viele Ortschaften, danach gestalteten die Einheimischen ganze Landstriche um. Mittlerweile gibt es in der Gegend zahlreiche sehenswerte Dörfer und Städte, aber auch berühmte Sehenswürdigkeiten wie die Überreste des Herrscherpalastes in Semarapura, die historische Gerichtshalle Kerta Gosa und den Fledermaustempel Pura Goa Lawah. Ostbali ist inspirierend und ruhig, eine Gegend für Reisende mit dem Ziel, die Natur zu entdecken.

Die schönsten Ferienorte

→ Amlapura

Amlapura (früher: Karangasem) ist der wichtigste Verkehrsknotenpunkt, will man in den Osten Balis reisen. In der Kleinstadt leben circa 32.000 Menschen und es gibt einiges zu sehen; hier lassen sich entspannte Urlaubstage verbringen. In Strandnähe haben sich viele Bars, Restaurants und Hotels angesiedelt, es gibt gute Wassersportmöglichkeiten. An der Padang Bai kannst du tauchen und schnorcheln.

Die östlichste Stadt Balis ist für ihre Paläste, palastartige Herrenhäuser und die vielen regionalen Feste bekannt. Außerdem ist Amlapura idealer Ausgangspunkt für Ausflüge in die Berge und zu den Traumständen entlang des Weges nach Tirta Gangga und Ahmed.

→ Candi Dasa

Die Stadt an der Ostküste liegt am Rand der Candi Dasa Lagoon, einer Süßwasserlagune in der Bucht von Teluk Amuk. Der beliebte Urlaubsort hat sich seinen ursprünglichen Charakter bewahrt. Von Denpasar ist das eher ruhige Candi Dasa fünfzig Kilometer entfernt. Unberührt vom Massentourismus ist Candi Dasa ein idealer Rückzugsort für Urlauber*innen, die Erholung und Entspannung suchen. Hier lernst du das ländliche Ambiente Balis kennen. Die Naturlandschaft besteht aus grünen Hügeln, Kraterseen, Vulkanen und rauschenden Wasserfällen.

→ Padang Bai

Wegen ihrer ausgezeichneten Tauchreviere übt die Padang Bai eine magische Anziehung auf Taucher*innen und Schnorchler*innen aus. Das ehemalige Fischerdorf ist zudem ein Fährhafen; er verbindet den Osten mit dem Norden und Süden Balis. Für die meisten Urlauber*innen ist der auf den ersten Blick wenig attraktive Ort eine Durchgangsstation. Allerdings gibt es rund um die Padang Bai sehr schöne Strände.

Die schönsten Strände

Die Blaue Lagune am Ende der Strandpromenade von Padang Bai hat den schönsten Sandstrand der Ostküste. Sie liegt zwischen Felsen, den Strand erreichst du über eine Treppe vom Parkplatz aus. Bei ruhigem Wasser kannst du in der Lagune baden, schnorcheln und tauchen. In Strandnähe gibt es ausgezeichnete Tauchstellen, unter anderem ein ebenes, fünf bis neun Meter tiefes Areal mit Sandboden, auf dem Hart- und Weichkorallen leben. Schwimmst du weiter ins Meer hinaus, wird das Wasser tiefer, dort ist auch eine Riffwand. In circa 30 Metern Tiefe tummeln sich Skorpionfische, Rotfeuerfische und Federsterne. Am südlich gelegenen Ende der Blauen Lagune triffst du auf Großfische wie Ammenhaie, Riffhaie und Teppichhaie und mit etwas Glück erblickst du Meeresschildkröten.

→ White Sand Beach

Südlich von Padang Bai liegt der White Sand Beach, „Pantai Bias Tugal", einer der schönsten Strände Balis. Der Sand ist fein, der Ausblick auf den Ozean

großartig. Beim Sonnenbaden und Schwimmen siehst du Fischerboote und Ausflugsschiffe, die nach Lombok und zu den Gili-Inseln fahren. In den Fischrestaurants am Strand serviert man ausgezeichnete Fisch- und Meeresfrüchte-Gerichte.

→ Pantai Ujung Beach

Der Pantai Ujung Beach, ein Felsenstrand südöstlich von Amlapura, ist zwar als Badestrand bekannt, hier triffst du jedoch außerdem auf eine Sehenswürdigkeit: den zwei Meter langen Lingga-Felsen. Lingga ist das Sanskritwort für Phallus ([erigiertes] männliches Glied) und die Form des Felsens erinnert daran. Ihm schreibt man auf Bali eine besondere Energie zu, was die Bevölkerung dazu veranlasst, hier regelmäßig unterschiedlichste Zeremonien abzuhalten. Vermutlich ist der Felsen ein uraltes Fruchtbarkeitssymbol. Man spekuliert über den Ursprung eines weiteren großen Steins in der Nähe. Er ähnelt einer Yoni, einem weiblichen Geschlechtsteil.

Übernachtungstipps

Im größtenteils ländlichen Osten Balis gibt es einige Strände und Badeorte, die weitaus weniger gut besucht sind als die Touristenhochburgen im Inselsüden. Das Gebirge im Hinterland, die Bergdörfer und Tempel, Wanderstrecken und Urwälder machen den Charme der balinesischen Ostküste aus. Die Hotellerie wird den unterschiedlichsten Ansprüchen gerecht: Hier findest du Komforthotels, luxuriöse Ferienanlagen, aber auch einfache Pensionen und Gästehäuser.

→ Lempuyang Boutique-Hotel ★★★★, Karangasem

Gut ausgestattete Unterkünfte, einen Außenpool, eine Gartenanlage und kostenfreie Privatparkplätze – das bietet das Lempuyang Boutique-Hotel in Karangasem seinen Gästen. Zudem verfügt das 4-Sterne-Hotel über einen Geldwechsel, einen Concierge-Service und ein Ausflugsbüro. Zum Ujung-Strand sind es etwas mehr als zwei Kilometer.

→ Villa Santai Karangasem ★★★, Tirtagangga

Die Villa Santai Karangasem liegt am Meer in Tirtagangga. Die Betreiber*innen bieten schön eingerichtete, klimatisierte Wohnungen, einen Wellnessbereich und ein Solarium, eine Sonnenterrasse und eine Gemeinschaftsküche sowie kostenfreie Privatparkplätze. Zur Übernachtung kannst du auch ein vegetarisches oder asiatisches Frühstück buchen. Die Umgebung ist ideal für Ausflüge und Touren mit dem Fahrrad. Fahrräder und Autos kannst du in der Villa Santai mieten.

→ Bali Cliff Glamping ★★★★, Seraya

Glamping ist eine Übernachtungsart, die mit Camping wenig gemeinsam hat. Das Bali Cliff Glamping ist eine Luxus-Outdoor-Anlage mit komfortablen Unterkünften, Meerblick und Infinity-Pool. Es gibt einen tropischen Garten, eine Bar und kostenfreie Privatparkplätze. In der Glamping-Ferienanlage übernachtest du in luxuriösen zeltartigen Bungalows mit Badezimmer und überdachter Terrasse. Du kannst zwischen kontinentalem, asiatischem und amerikanischem Frühstück wählen. Es gibt einen Fahrradverleih und eine Autovermietung. Die Anlage liegt rund 600 Meter vom Strand Ujung entfernt.

→ Wyndham Tamansari Jivva Resort Bali ★★★★★, Keramas

Am Keramas-Beach liegt das exklusive Wyndham Tamansari Jivva Resort Bali. Das 5-Sterne-Hotel bietet luxuriöse, modern eingerichtete Zimmer, einen großen Außenpool und einen Privatstrand. Die Anlage ist für exzellenten Service bekannt. Das hoteleigene Tirta Spa macht ganzheitliche, auf balinesischen Traditionen basierende Wellnessbehandlungen, die der Entspannung, Verjüngung und inneren Erneuerung dienen. Ebenfalls auf dem Gelände des Resorts gibt es ein Freiluftkino, ein Open-Air-Restaurant und eine Bar.

→ Jepun Didulu Cottages ★★★★, Candi Dasa

Im Badeort Candi findet du die Ferienanlage Jepun Didulu Cottages. Hier erwarten dich komfortable Bungalows mit voll ausgestatteter Küche und einer Terrasse. Der Strand ist etwa zehn Autominuten entfernt. Das Dorf Tenganan erreichst du mit dem Mietwagen in zehn Minuten und den Wasserpalast Taman Ujung in einer Viertelstunde.

Restaurantstipps

An der Ostküste gibt es eine Vielzahl Bars und Restaurants: von einfachen Warungs mit balinesischen Snacks bis hin zum Spitzenrestaurant mit angeschlossener Kochschule.

→ Bali Asli Restaurant, Karangasem | € € €

Im Bali Asli Restaurant genießt du traditionelle balinesische Küche, hauptsächlich mit lokal angebauten Zutaten. Dadurch wollen die Betreiber des Bali Asli Restaurants regionale Landwirte und Fischer unterstützen. Die Speisen werden auf holzbefeuerten Lehmziegelöfen gekocht oder gebraten – ihr Aroma ist unvergleichbar. Zum Bali Asli Restaurant gehört eine Kochschule für Urlauber*innen. Jeder Kurs enthält auch ein Abenteuer: Du lernst, wie du Reis pflanzt, in einem Jukung-Kanu fischst, mit einer Kuh pflügst, am offenem Feuer kochst oder Cocktails aus Cashew-Nuss-Wein zubereitest. Um teilnehmen zu können, musst du dich anmelden.

→ Seasalt Restaurant, Manggis | € €

Das Seasalt Restaurant ist in einem traditionellen Pavillon inmitten eines romantischen Lotusteichs untergebracht und bietet indonesische und westliche Küche. Das Seasalt pflegt die balinesische Megibung-Tradition, eine Tradition, die früher der Aristokratie vorbehalten war und die mit dem zeremoniellen Servieren der Speisen verbunden ist. Dafür ist das Restaurant auf ganz Bali bekannt. Alle Gerichte werden auf einem Dulang (geschnitzten Holzständer) mit Bananenblättern serviert. An das Restaurant angeschlossen ist die Ocean Bar, eine Lounge im Freien mit kreativer Speisekarte, die leichte Snacks und kühle Erfrischungen beinhaltet. Die Ocean Bar ist ein beliebter Ort, um bei einem Cocktail den Sonnenuntergang und den glitzernden Sternenhimmel zu genießen.

Warungs in Amlapura

Amlapura ist die Provinzhauptstadt des Regierungsbezirks Karangasem und der wichtigste Verkehrsknotenpunkt für die Reise in den Osten Balis. Die Stadt ist sehenswert und es gibt viele Restaurants, hauptsächlich inseltypische Warungs, in denen du lokales Essen bekommst. Damit du einen Eindruck bekommst, was dich in einem Warung erwartet, stellen wir dir einige vor:

→ Warung Lesehan Mina Carik | €

Die Gaststätte ist für ihre große Auswahl an Gerichten bekannt. Der Lesehan Mina Carik ist auf Snacks und Hauptmahlzeiten mit Meeresfrüchten spezialisiert.

→ Warung Batas Kota | €

Leckere balinesische Küche und ein gutes Preis-Leistungs-Verhältnis zeichnen dieses gemütliche Lokal aus. Besonders beliebt ist der Chocolate Latte, heiß aufgebrühter starker Kaffee mit Schokoladenstückchen.

→ Warung Uma Pesagi | €

Das Uma Pesagi liegt abseits der Hauptstraße an einem ruhig gelegenen Teich. Hier bekommst du authentische balinesische Gerichte zum günstigen Preis. Der Service ist freundlich und zuvorkommend.

Aktivitäten

→ Tauchen

Die Unterwasserwelt Balis ist artenreich. Sie macht die Insel zu einem der schönsten Reiseziele für Taucher*innen. An der Ostküste ist die Amuk Bay ein interessantes Tauch- und Schnorchelrevier. Tauchspots findest du in Gili Mimpang, auch bekannt als Batu Tiga, einer Mini-Insel, die aus drei großen und mehr als sechs kleineren Felsen besteht. Dorthin gelangst du mit dem Schnellboot, das von Tauchbasen eingesetzt wird. Diese Spots sind abwechslungsreich: Die Felsen unter Wasser sind schroff und von riesigen Gorgonien sowie Hart- und Weichkorallen bedeckt. Du begegnest Großfischen wie dem Mondfisch (Mola Mola) und mehreren Hai-Arten. Besonders sehenswert sind die weiß- und schwarzspitzigen Haie. Sie werden maximal zwei Meter groß und verhalten sich eher scheu. Das Tauchgebiet auf Gili Tepekong mit den Tauchstellen „Canyon" und „Lighthouse" erreichst du mit Jukungs. Diese traditionellen Fischerboote werden noch heute von den Fischern genutzt. Vor der balinesischen Ostküste musst du mit starken Strömungen rechnen, daher sollten hier nur erfahrene Taucher*innen unterwegs sein.

→ Wandern und Bergsteigen

Balis Mitte besteht aus Bergen und Urwald. Hier kannst du wandern, aber auch bergsteigen und entdeckst dabei typisch balinesische Bergdörfer, Wasserfälle und geheimnisvolle Tempelanlagen. Von der Ostküste aus kannst du eine Tour zum heiligen Berg Bukit Bangli machen. Von dessen Gipfel in 624 Metern Höhe hast du einen traumhaften Blick über die schöne Landschaft. An Tagen mit klarer Sicht siehst du den Vulkan Gunung Agung und die südöstlich von Bali gelegene Insel Nusa Penida. Vom Bukit Bangli erreichst du nach einem circa einstündigen Fußmarsch die Wasserfälle Goa Raja und Yeh Bulan. Der Ort Bangli liegt unterhalb des Berges. Die ehemalige königliche Residenzstadt wurde einst wegen der angenehm-kühlen Bergluft errichtet.

→ Balinesische Spa-Behandlung

Die balinesische Massage ist eine ganzheitliche Tiefengewebsmassage des ganzen Körpers. Sie dauert zwei bis drei Stunden und sorgt für tiefe Entspannung, innere Ruhe und Wohlbefinden. Traditionell ist die balinesische Massage eine Kombination aus Reflexzonenmassage, Akupressur und Aromatherapie. Die Muskeln werden sanft gedehnt, um den Blut- und Sauerstofffluss anzuregen. Studios für traditionelle Massagen gibt es fast überall auf der Insel. Das Angebot reicht von preisgünstigen balinesischen Massagen bis hin zu Spa-Verwöhnprogrammen mit Maniküre und Pediküre, Yoga und/oder intimen Massagen für Paare. In vielen 4-Sterne- oder 5-Sterne-Hotels kannst du im Haus selbst Wellness machen. In den Gebieten, die vom Tourismus geprägt sind, haben die Spas meist täglich geöffnet. Du solltest dich telefonisch anmelden.

→ Einige der besten Spas Balis:

Ubud: Mandala Spa, Spa at Maya
Abiansemal: Fiveelements Bali
Seminyak: Lumina Aesthetics, Spa Alila.
Legian: The Care Day Spa, Glow Spa by Bali Mandira

INSIDERTIPP:
In einem der Pools im Garten kannst du schwimmen.

Ausflugsziele und Sehenswürdigkeiten

→ Die Wasserpaläste Ujung und Tirta Gangga

Etwa fünf Kilometer südöstlich der Provinzhauptstadt Amlapura liegt der Wasserpalast Ujung. Der 1909 errichtete ehemalige Palast und die malerischen Gärten mit großen Wasserbecken sind deshalb so sehenswert, weil die großzügige Parkanlage von Wasserpools und Kanälen durchzogen ist und es zahlreiche Springbrunnen gibt. Bei einem Spaziergang genießt du die wunderschöne Aussicht auf den Indischen Ozean und den Blick hinüber zur Insel Lombok.

In der Gegend gibt es drei Wasserpaläste, die auf Anweisung von Gusti Bagus Jelantik, dem letzten Raja (Herrscher) von Karangasem, erbaut wurden. Neben dem Ujung sind das der Tirta Gangga und der Telaga Tista bei Jungutan, der jedoch zerstört wurde.

Der Tirta Gangga liegt gut sechs Kilometer nordwestlich von Amlapura. Bis 1946 war die Palastanlage der Altersruhesitz von Ngurah Ketut, dem letzten König von Karangasem. Im Jahr 1963 wurden der Tirta Gangga und der Ujung beim Ausbruch des Agung-Vulkans größtenteils zerstört. Mittlerweile wurde die Anlage wieder hergerichtet. Die Außenanlage des Tirta Gangga ist mit exotischen Blumen bepflanzt. In der Umgebung kannst du saftig grüne Reisterrassen sehen.

Die schönsten Tempel

→ Pura Penataran Agung Lempuyang

Der balinesische Hindutempel ist Teil eines Komplexes, dessen Tempel sich um den Gipfel des Lempuyang-Berges gruppieren.

Die Tempel zählen für gläubige Balinesen und Balinesinnen zu den sechs Heiligtümern der Welt (Sad Kahyangan Jagad). Die Pura Penataran Lempuyang, Pura Telaga Emas, Pura Telaga Sawang, Pura Lempuyang Madya, Pura Bisbis und Pura Lempuyang Luhur („Oberster Lempuyang-Tempel") sind also nicht nur Bergtempel, sondern auch die sechs heiligsten Kultstätten auf Bali. Nimm dir viel Zeit für sie, mindestens einen Tag, um auch alles erkunden zu können.

In den Tempeln solltest du unauffällige Kleidung tragen. Einen traditionellen Sarong kannst du am Eingang ausleihen.

Du erreichst den meistverehrten Tempel Balis über 1.700 Stufen. Von deinem Urlaubsort an der Ostküste bringen dich Motorradtaxis (Preis vorher verhandeln!) zum Parkplatz unterhalb der Tempelanlage. Du kannst dir auch einen Roller mieten und selbst hinfahren. Die balinesischen Pilger*innen laufen meist und genießen unterwegs die herrliche Aussicht auf die Gebirgskette und die Küstenlinie. Zwar ist die frische Bergluft angenehm, aber um die Pilgerwanderung zu bewältigen, brauchst du gute Kondition und einen starken Willen.

OSTEN

→ Pura Kehen

Eine der wichtigsten hinduistischen Tempelanlagen Balis ist der Pura Kehen („Tempel des Herdes"). Der Tempel der Rajas von Bangli zählt zu den neun großen Staatstempeln der Insel. Der Pura Kehen war der Staatstempel des Bangli-Königreichs und wurde vermutlich im 11. Jahrhundert nach Christus erbaut. Die Menschen vor Ort veranstalten hier häufig traditionelle Zeremonien. Das Besondere an dem Heiligtum ist seine Bauweise, die in der Region nur selten zu finden ist.

Der Pura Kehen ist der Gottheit des Herdes, Hyang Kehen, gewidmet. Auf seinen drei Terrassen sollen die Seelen der toten Könige wohnen. Die Stelen sind mit Texten auf Balinesisch, in Sanskrit und auf Javanisch beschriftet; dies deutet auf seine Entstehungszeit hin. Die Tempelanlage besteht aus einem terrassenförmigen Eingang, dem Haupttempel, drei Innenhöfen und kleinen Meru-Schreinen und Altären. Sie ist mehrstöckig und wurde nach traditioneller balinesischer Architektur errichtet. Der Pura Kehen ist ein beliebtes Ausflugsziel

Die schönsten Reiserouten auf Bali

Am besten lernst du Bali auf einer Rundreise kennen. Wenn du sie selbst planst, kannst du entscheiden, welche Orte und Sehenswürdigkeiten du wie lange besuchen möchtest. Unterwegs kannst du Pause machen, wenn es etwas zu sehen gibt. Als Transportmittel für einen Balitrip auf eigene Faust eignet sich als kostengünstigste Variante der Roller; Motorroller und Motorräder sind auf Bali die wichtigsten Fortbewegungsmittel. Das Fahren auf den überfüllten Straßen ist zunächst gewöhnungsbedürftig, aber die meisten Reisenden kommen schnell mit dem Verkehr zurecht.

Komfortabler als ein Roller ist das Taxi, das dich (beinahe) überall hinbringt. Im Taxi sitzt du bequem, kannst dein Gepäck im Kofferraum verstauen und genießt die Vorzüge einer Klimaanlage. Während der Fahrer durch den Straßenverkehr navigiert, kannst du in Ruhe die Gegend betrachten. Ein Taxi hat jedoch seinen Preis.

Auch mit dem Mietauto reist du individuell. Du kannst es bereits vor deiner Abreise nach Bali reservieren und mehrere Anbieter vergleichen, bevor du dich für einen entscheidest. Im Internet findest du große, internationale Mietwagenfirmen und Plattformen mit Vergleichsrechnern. Nach deiner Ankunft am Flughafen Denpasar nimmst du dein Mietauto in Empfang und fährst los.

Du kannst dir auch vor Ort bei den lokalen Anbietern ein Auto mieten, aber achte darauf, eine Versicherung abzuschließen, damit du bei Schäden versichert bist. Um auf Bali ein Mietauto fahren zu dürfen, musst du mindestens 18 Jahre alt sein und den internationalen Führerschein besitzen.

Wie könnte deine persönliche Reiseroute auf Bali aussehen? Das hängt natürlich auch von der Zeit ab, die du hast: Um die Tropeninsel und ihre (verborgenen) Schätze kennenzulernen, brauchst du 10, 14 oder auch 21 Tage.

REISEROUTE FÜR 10 TAGE

Fahrzeit und Strecke: circa 11 Stunden und 350 Kilometer

Bali express

1. Tag: Flughafen Denpasar – Ubud
2. Tag: Ubud – Manggis
3. Tag: Manggis – Amlapura
4. Tag: Amlapura – Buleleng
5. Tag: Buleleng – Ausflug zum Handara-Tor
6. Tag: Buleleng – Tegallengah
7. Tag: Tegallengah – Pulukan
8. Tag: Pulukan – Kuta
9. Tag: Kuta
10. Tag: Kuta – Flughafen Denpasar

Mit unserer Reiseroute lernst du in zehn Tagen das Inselparadies von seiner schönsten Seite kennen. Die Stadt Ubud im Hochland ist das spirituelle Zentrum Balis. Wandere auf dem Campuhan Ridge Walk und entdecke die Umgebung. Besuche den Wassertempel Pura Tirta Empul, die Reisterrassen und den Affenwald. Von Ubud fährst du nach Manggis. Entspanne am Blue Lagoon Beach. Unternimm einen Ausflug zum höchsten Vulkan der Insel, dem Gunung Agung. In Amlapura, der nächsten Station deiner Rundreise, bummelst du über den Markt und genießt in einem Warung die regionale Küche. In Buleleng an der Nordküste machst du einen Ausflug zum majestätischen Handara-Tor. In Tegalinggah besichtigst du den Tempel Tebing Tegalinggah, er wurde im 12. Jahrhundert nach Christus gebaut. Die Region Pulukan ist für ihre schönen Strände berühmt. Entspanne am Medewi Beach oder am Pulukan Beach, einem einsam gelegenen Strand mit dunklem Vulkansand. Im Süden lernst du den bekanntesten Badeort der Insel kennen: Kuta. Genieße das Nachtleben, tolle Wassersportmöglichkeiten und eine riesige Auswahl an Restaurants und Bars.

REISEROUTE FÜR 10 TAGE

Fahrzeit und Strecke: circa 6 Stunden und 200 Kilometer

Höhepunkte Balis

1. Tag: Flughafen Denpasar – Kuta
2. Tag: Kuta
3. Tag: Kuta – Nusa Dua
4. Tag: Nusa Dua – Ubud
5. Tag: Ubud
6. Tag: Ubud – Ausflug nach Tegalalang
7. Tag: Ubud – Candi Dasa
8. Tag: Candi Dasa
9. Tag: Candi Dasa – Amlapura
10. Tag: Amlapura – Flughafen Denpasar

Bali verkörpert die Vielfalt Indonesiens. Während in den Dörfern alte Traditionen gehütet und gepflegt werden, ist der Lebensstil in den Städten und Badeorten modern. Entdecke die Regionen, besuche auch Gegenden abseits touristischer Routen! Vom Flughafen Denpasar startest du mit deinem Mietauto oder -roller in Richtung Kuta. Entdecke den bekanntesten Badeort der Insel. Relaxe am Kuta Beach oder am Dreamland Beach. Erlebe die Unterwasserwelt beim Tauchen oder Schnorcheln. Anders als das lebhafte Kuta ist Nusa Dua ein vornehmer Ferienort für ruhesuchende Reisende und Luxusurlauber*innen. Spüre den feinen Sand der Strände. Besuche das Pasifika-Kunstmuseum und eine balinesische Show im Nusa-Dua-Theater. Ubud liegt im Inselsüden und ist nicht nur das spirituelle Herz der Insel, sondern auch ein Zentrum für traditionelles Handwerk.

Hier findest du die Sehenswürdigkeiten Sarawati-Tempel, das Blanco-Renaissance-Kunstmuseum und in der Nähe den Affenwald. Unternimm einen Spaziergang durch die Reisfelder auf dem Kajeng Rice Fields Walk. Von Ubud aus lohnt sich der Ausflug zu den berühmten Tegalalang-Reisterrassen. Die Weiterreise führt dich nach Candi Dasa, einen Badeort an der noch ursprünglichen Ostküste Balis. Nutze den Aufenthalt, um die Ruhe und die Natur zu genießen. Von Padang Bai fahren Fährschiffe zu den Gili-Inseln, wo es ausgezeichnete Tauchspots gibt. Schau dir in der Provinzhauptstadt Amlapura die ehemalige Fürstenresidenz Puri Agung Karangasem an. Unternimm eine Tour zum Tirta-Gangga-Tempel und zum Wasserschloss Taman Ujung. Von Amlapura geht es am letzten Tag deiner Rundreise zum Flughafen in Denpasar, wo du zwei, besser drei Stunden vor deinem Rückflug eintreffen solltest.

REISEROUTE FÜR 14 TAGE

Fahrzeit und Strecke: circa 12 Stunden und 450 Kilometer

Strände, Tauchspots und Wasserfälle

1. Tag: Flughafen Denpasar – Ubud
2. Tag: Ubud
3. Tag: Ubud – Pulukan
4. Tag: Pulukan – Gilimanuk
5. Tag: Gilimanuk – Schiffsausflug nach Java – Gilimanuk
6. Tag: Gilimanuk – Lovina
7. Tag: Lovina
8. Tag: Lovina – Amed
9. Tag: Amed – Ausflug zur Lempuyang-Tempelanlage
10. Tag: Amed – Amlapura
11. Tag: Amlapura – Manggis
12. Tag: Manggis
13. Tag: Manggis – Denpasar
14. Tag: Denpasar – Flughafen Denpasar

Traumhafte Sandstrände, Wasserfälle und tropischer Urwald sind die Highlights der Insellandschaft auf Bali. Während deiner zweiwöchigen Rundreise schaust du dir das Hinterland der Insel an.

Die Insel der Götter ist 5.780 Quadratkilometer groß und höchstens 80 Kilometer breit und 145 Kilometer lang – hier legst du keine größeren Entfernungen zurück. Vom internationalen Flughafen fährst du in die Inselhauptstadt Denpasar; die Stadt ist ein idealer Ausgangspunkt für eine aufregende Rundreise.

Mit dem Mietauto oder -roller fährst du nach Ubud. Mit ihren vielen Sehenswürdigkeiten und Ausflugszielen in der näheren Umgebung ist die Stadt wie geschaffen für eine mehrtägige Erkundungstour. Wandere durch die Reisterrassen, entdecke den Regenwald und besuche heilige Stätten wie den Tempelkomplex Tirta Empul

Die Weiterfahrt führt dich nach Pulukan an der Westküste Balis. Hier erwarten dich Traumstrände wie der Medewi Beach, farbenfrohe, prächtige Sonnenauf- und -untergänge, Tauchspots und Schnorchelreviere. Entspanne beim Yoga am Strand. Erforsche den geheimnisvollen Tanah-Lot-Tempel. Entdecke die balinesische Unterwasserwelt beim Tauchen bei Menjangan, der Insel der Hirsche. Surfe riesige Wellen in Medewi. Besuche Obst-, Kaffee- und Kakaoplantagen im Hinterland der Westküste.

→ Strände, Tauchspots und Wasserfälle

Anschließend geht's weiter in den Nordwesten Balis, in die Hafenstadt Gilimanuk. Von hier aus fahren Schiffe zur Nachbarinsel Java. Außerdem kannst du im gebirgigen Hinterland des „wilden Westens" wandern und den Nationalpark Taman Nasional Bali Barat besuchen.

Von Gilimanuk führt die Reiseroute die Nordküste entlang nach Buleleng. Im Norden erwarten dich Reisterrassen, Berge, vulkanische Landschaften, dichter Dschungel, heiße Quellen und Wasserfälle. Um die Region zu erkunden, startest du idealerweise in Lovina – nachdem du dich am Lovina Beach erholt hast, dem bekanntesten Strand an der Nordküste. In Lovina ist der Sand am Strand schwarz, hier gibt es Korallenriffe und du kannst Delfine beobachten.

Der nächste Stopp deiner Rundreise ist der Tauchort Ahmed. In den (auch deutschen) Tauchschulen kannst du einen Tauchkurs machen oder Tauchausrüstungen ausleihen. Unternimm einen Ausflug zur Lempuyang-Tempelanlage im Gebirge, bevor die Reise weitergeht nach Amlapura, die Provinzhauptstadt. In Amlapura, der östlichsten Stadt auf Bali, triffst du auf ehemalige Herrscherpaläste und tropische Parkanlagen. Von hier aus kannst du Ausflüge in das Inselgebirge unternehmen, beispielsweise zur Tempelanlage Tirta Gangga, zum Pura Penataran Agung Nangka und zu den Terjun-Yeh-Labuh-Wasserfällen. In Manggis und Sanur gibt es großartige Strände und abgelegene Buchten, die den Blick auf die Nachbarinsel Lombok eröffnen. Die letzte Station ist Denpasar. Die quirlige Inselhauptstadt bietet eine Vielzahl kultureller Highlights. Besuche das Nationalmuseum Negeri Propinsi, um die Geschichte Balis kennenzulernen. Besichtige den Pura Jagatnatha, eine der ältesten und wichtigsten Tempelanlagen der Insel. Beschließe deinen Baliurlaub mit einer Tanzvorführung im Amphitheater Gedung Ksirarnawa.

REISEROUTE FÜR 14 TAGE

Fahrzeit und Strecke: circa 12,5 Stunden und 430 Kilometer

Spirituelle Entdeckungsreise

1. Tag: Flughafen Denpasar – Denpasar
2. Tag: Denpasar
3. Tag: Denpasar – Ubud
4. Tag: Ubud
5. Tag: Ubud – Amed
6. Tag: Amed
7. Tag: Amed – Buleleng
8. Tag: Buleleng – Lovina
9. Tag: Lovina
10. Tag: Lovina – Gilimanuk
11. Tag: Gilimanuk – Pulukan
12. Tag: Pulukan – Seminyak
13. Tag: Seminyak
14. Tag: Seminyak – Flughafen Denpasar

Auf Bali ist der spirituelle Einfluss jahrtausendealter alter Religionen und Traditionen überall spürbar. Sowohl in Städten als auch versteckt im Gebirge gibt es majestätische Tempelanlagen und Heiligtümer.

Während dieser 14-tägigen Rundreise besuchst du kleine Tempel, sowie riesige religiöse Bauwerke und Wasserpaläste und kannst dich von ihrem Charme verzaubern lassen. Deine Rundreise beginnt in Denpasar, der Hauptstadt und dem kulturellen Zentrum der Insel. Im nahegelegenen Dorf Serangan steht der prächtige Sakenan-Tempel, von dem aus du einen wunderschönen Ausblick auf das Meer und den Nusa Dua Beach hast. Auch sehenswert ist der Pura Jagatnatha. Der 1953 erbaute Tempel ist der bedeutendste Denpasars.

In Ubud, deiner nächsten Reisetation, besuchst du den Tirta-Empul-Tempelkomplex, die Elefantenhöhle Goa Gajah und aus dem Felsen gehauene Schreine (Gunung Kawi).

Von Ubud führt deine Route durch die Berge bis nach Amed, einem Fischerdorf und bekanntem Tauchort an der Nordküste. Am 14 Kilometer langen Küstenstreifen liegen acht Ortschaften, die vor allem bei Taucher*innen und Schnorchler*innen beliebt sind. Im Umland stehen die bedeutende Tempelanlage Lempuyang und der Tirtagangga-Wasserpalast.

→ Spirituelle Entdeckungsreise

An der Nordküste entlang geht es weiter in die Provinz Buleleng. Ihr Zentrum ist die Stadt Singaraja. Unternimm einen Ausflug zum Gitgit-Wasserfall. Besichtige den ehemaligen Herrscherpalast Puri Agung Singaraja mit der berühmten Lontar-Bibliothek. Übernachte im Strandort Lovina. Entdecke schwarze Sandstrände, tauche, erforsche Korallenriffe und beobachte Delfine. Wandere zu den Banjar-Thermalquellen und bade in den Warmwasserpools. Entdecke den buddhistischen Tempel Brahmavihara-Arama.

In der Hafenstadt Gilimanuk besteigst du ein Ausflugsschiff, das dich durch die Meerenge in einer Stunde zur Nachbarinsel Java bringt.

Pulukan an der Westküste ist dein nächstes Reiseziel. Von hier aus bieten sich Ausflüge zu den Pura Taman Ayun und Pura Tanah Lot und zum Affenwald an.

REISEROUTE FÜR 21 TAGE

Fahrzeit und Strecke: circa 14,5 Stunden und 470 Kilometer

Bali pur

Entdecke die ursprüngliche Seite der Tropeninsel

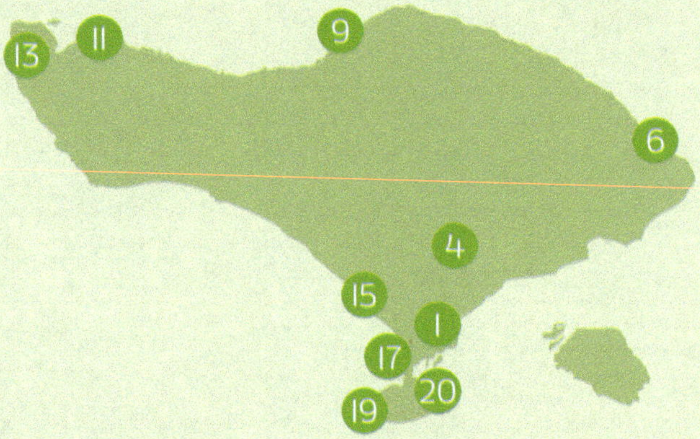

1. Tag: Flughafen Denpasar – Denpasar
2. Tag: Denpasar
3. Tag: Denpasar – Ubud
4. Tag: Ubud
5. Tag: Ubud – Amed
6. Tag: Amed
7. Tag: Amed
8. Tag: Amed – Buleleng
9. Tag: Buleleng
10. Tag: Buleleng – Pemuteran
11. Tag: Pemuteran
12. Tag: Pemuteran – Gilimanuk
13. Tag: Gilimanuk – Ausflug nach Java – Gilimanuk
14. Tag: Gilimanuk – Canggu
15. Tag: Canggu
16. Tag: Canggu – Kuta
17. Tag: Kuta
18. Tag: Kuta – Uluwatu Halbinsel
19. Tag: Uluwatu Halbinsel
20. Tag: Uluwatu Halbinsel – Nusa Dua
21. Tag: Nusa Dua – Flughafen Denpasar

Drei Wochen sind ideal, um Bali zu erleben, um zwischen den Fahrten an einem Traumstrand zu entspannen oder um ein Verwöhnprogramm in einem Spa mitzumachen. In dieser Zeit umrundest du die Insel und siehst dir Balis kulturelle Highlights, religiöse Sehenswürdigkeiten und landschaftliche Vielfalt an.
Vom Flughafen bei Denpasar geht es nach Ubud im zentralen Hochland und weiter an die Ostküste und in die Regionen im Norden. Du hast genug Zeit, vom Hafenstädtchen Gilimanuk im äußersten Nordwesten Balis mit der Fähre zur Nachbarinsel Java zu fahren.

Entlang der Westküste entdeckst du ursprüngliche Landschaften, kleine Badeorte und charmante Dörfer im Hinterland. Der Süden ist die am besten erschlossene Region Balis. Erlebe den quirligen Urlaubsort Kuta mit seinem abwechslungsreichen Nachtleben und seinen schönen Stränden. Reise in den äußersten Süden der Insel, entdecke das malerische Naturgebiet des Bukit-Peninsula und surfe hohe Wellen in den schönsten Surfrevieren der Region. Besuche den auf einer Klippe gelegenen Hindutempel Pura Luhur und genieße die atemberaubende Aussicht über den Indischen Ozean. Schau dir das Luxusurlaubsparadies Nusa Dua an und übe ein paar Abschläge auf dem 18-Loch-Platz des Bali Beach & Country Club, einem der besten Golfplätze auf der Insel.

Vom internationalen Flughafen bei Denpasar trittst du deinen Rückflug an – und bist um viele schöne Erfahrungen reicher.

REISEROUTE FÜR 21 TAGE

Fahrzeit und Strecke: circa 13 Stunden und 450 Kilometer

Bali für Entdecker*innen

Vulkanberge, Reisfelder, Traumstrände und Korallenriffe

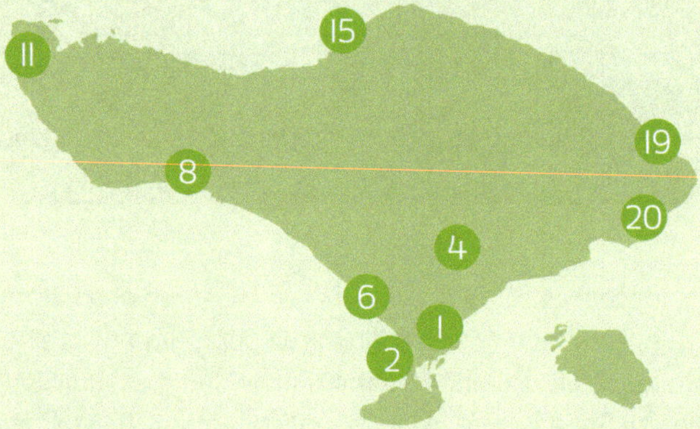

1. Tag: Flughafen Denpasar – Kuta
2. Tag: Kuta
3. Tag: Kuta – Ubud
4. Tag: Ubud
5. Tag: Ubud – Canggu
6. Tag: Canggu
7. Tag: Canggu – Jehembang
8. Tag: Jehembang
9. Tag: Jehembang – Gilimanuk
10. Tag: Gilimanuk
11. Tag: Gilimanuk
12. Tag: Gilimanuk – Banjuwedang
13. Tag: Banjuwedang
14. Tag: Banjuwedang – Lovina
15. Tag: Lovina
16. Tag: Lovina
17. Tag: Lovina
18. Tag: Lovina – Amed
19. Tag: Amed – Amlapura
20. Tag: Amlapura
21. Tag: Amlapura – Flughafen Denpasar

Bali ist eine Insel für Entdecker*innen, die gern abseits touristischer Pfade reisen. In deinem dreiwöchigen Baliurlaub durchquerst du das 5.780 Quadratkilometer große Eiland von Süden nach Norden und von Westen nach Osten. Alternativ kannst du für die ersten 14 Urlaubstage eine Rundreise und anschließend eine Woche Badeurlaub an einem der traumhaften Strände planen.

Ausgangsort jeder Rundreise ist Denpasar. Besichtige die zahlreichen Monumente und Tempel in der Hauptstadt Balis. Bummle durch das Stadtzentrum, entdecke Geschäfte, Boutiquen, gemütliche Warungs und Teestuben. In Denpasar findest du lokale Märkte wie den Pasar Badung und moderne Einkaufsmalls wie Living World Denpasar und die Level 21 Mall. Typische Souvenirs sind bemalte Masken – Bali ist für seine Schnitzkunst berühmt –, Flechtkörbe aus Palmenblättern und runde Rattantaschen, die „Bali Bags".

Von Denpasar aus reist du in die Kleinstadt Ubud, das „Tor zum Hochland". Von hier aus wanderst du zu den Wasserfällen im Gebirge und entdeckst geheimnisvolle Tempel wie den Fledermaustempel Pura Goa Lawah, den Felsentempel Pura Luhur Uluwatu und den Elefantentempel Goa Gajah. In Lovina, dem bekanntesten Badeort an der Nordküste, entspannst du an schwarzen Stränden. Bummle durch die Provinzhauptstadt Amlapura, besichtige die Paläste Puri Agung und Puri Gede sowie den Wasserpalast Taman Ujung.

Erforsche das Inselinnere und entdecke beim Wandern im Gebirge eindrucksvolle Wasserfälle wie Sing Sing Angin, Blahmantung und Pengempu. Streife durch den Affenwald, bade in heißen Quellen oder nimm am Yoga-Unterricht am Strand teil. In drei Wochen Urlaub lernst du die fernöstliche Kultur und Lebensweise kennen und sammelst einzigartige Eindrücke.

Infos und Tipps zum Baliurlaub

Mit der Reiseplanung stimmst du dich auf deinen Baliurlaub ein. Dabei wächst die Vorfreude. Bevor du jedoch auf deiner Trauminsel landest, musst du einiges beachten.

INSIDERTIPP:

Bei der Flugnummer, die eingetragen werden muss, musst du die Flugnummer vom Zwischenstopp nach Bali eintragen.

→ Visa, Ein- und Ausreisebestimmungen

Deutsche und österreichische Staatsangehörige benötigen kein kostenpflichtiges Visum, wenn sie sich höchstens 30 Tage lang in Indonesien aufhalten, inklusive An- und Abreisetag. Voraussetzung für die Einreise ist jedoch ein Reisepass, der über das Rückreisedatum hinaus noch mindestens sechs Monate gültig ist. Außerdem sollte er eine freie Seite für das Visum, das du bei deiner Ankunft erhältst, bieten, und du musst am Flughafen Bali ein Weiter- oder Rückflugticket vorlegen. Diese Vorschriften gelten für erwachsene Reisende ebenso wie für Kinder. Übrigens müssen auch Kinder bei Auslandsreisen einen eigenen Reisepass besitzen.

Bei der Einreise musst du eine elektronische Zollerklärung abgeben, und zwar hier: https://ecd.beacukai.go.id/. Um Wartezeiten am Flughafen zu vermeiden, kann das auch bereits zwei Tage vor der Einreise erfolgen.

Bei der Ausreise entrichten alle Reisenden eine Flughafensteuer von circa 200.000 indonesischen Rupiah (IDR) (12 Euro, Stand: August 2023). Meistens ist diese Steuer in den Kosten für den Flug enthalten. Achte bei der Buchung auf entsprechende Hinweise oder erkundige dich bei deiner Fluggesellschaft nach der Steuer.

→ Impf- und Gesundheitsbestimmungen

Aktuelle Impf- und Gesundheitsbestimmungen findest du auf der Website des Auswärtigen Amtes (https://www.auswaertiges-amt.de/de/). Da sich die Regelungen kurzfristig ändern können, raten wir dazu, sich vor der Anreise nochmals zu informieren, um aktuelle Informationen zu erhalten. Für Reisende aus Deutschland oder Österreich schreibt das Auswärtige Amt keine Gelbfieber-Impfung vor. Überprüfe trotzdem deinen Impfpass und kümmere dich rechtzeitig um Impfungen, die für Indonesien empfohlen werden. Dein Hausarzt oder ein Tropeninstitut in deiner Nähe beraten dich sicherlich gern und gut zur Gesundheitsvorsorge für deinen Baliurlaub.

Deutschland hat mit Indonesien kein Krankenversicherungs-Übereinkommen. Daher ist es ratsam, eine Reiseversicherung beziehungsweise eine Reisekranken- und Unfallversicherung abzuschließen. Sie ist besonders hilfreich, wenn du einen Tauchurlaub, eine Trekkingreise oder Aktivferien machst. Auf Bali müssen Arzt- und Apothekenrechnungen nämlich meist im Voraus bezahlt werden. Um das Geld im Nachhinein zurückzuerhalten, ist es ratsam, die Versicherung so schnell wie möglich zu informieren und alle Belege sorgfältig aufzubewahren. Bei

INSIDERTIPP:
Treffe dich mit einem Grab- oder Uber-Fahrer etwa 5 Minuten Fußweg außerhalb des Flughafens an einem Parkplatz, um nur ca. die Hälfte zu bezahlen.

größeren Behandlungen kann es vorkommen, dass die Versicherung die Bezahlung direkt mit dem Arzt beziehungsweise der Ärztin oder der Klinik regelt. Habe deswegen am besten immer deine Police dabei, um die Kostenübernahme schnell nachweisen zu können. Für genaue Infos informiere dich unbedingt im Vorfeld bei deiner Versicherung.

Magen-Darm-Beschwerden kannst du übrigens einfach vermeiden: Verwende zum Trinken und Zähneputzen nur Wasser aus Glas- oder Plastikflaschen oder abgekochtes beziehungsweise sterilisiertes Leitungswasser.

→ Anreise

Von Deutschland aus fliegen europäische und asiatische Airlines Bali an, etwa Lufthansa, Emirates, Qatar Airways, Singapore Airlines und Thai Airways. Du kannst zwischen Flügen mit einem oder mehreren Zwischenstopps wählen. Leider gibt es aktuell keinen Nonstop-Flug aus dem deutschen Raum. Die Flugdauer hängt von der Flugverbindung ab, sie liegt zwischen 16 und 26 Stunden Oneway). Für einen Stopover bieten sich Ziele wie Dubai, Abu Dhabi, Bangkok, Singapur oder Kuala Lumpur an, da sie auf dem Weg liegen.

Die Kosten für Flüge sind saisonabhängig und beginnen meist bei circa 1.000 Euro für Hin- und Rückflug in der günstigsten Flugklasse. Frühbucher*innen können mit Vergünstigungen rechnen. Auf Last-Minute-Preissenkungen zu warten, lohnt sich jedoch bei einem so beliebten Reiseziel nicht. Fernostflüge sind oftmals schnell ausgebucht. Wir raten dir daher, dich frühzeitig nach einem Flug umzuschauen, der für dich gut passt. Dabei empfehlen sich zum Beispiel Reiseportale wie Booking.com (https://www.booking.com).

Langstreckenflieger landen auf dem Flughafen Ngurah Rai. Der zweitgrößte internationale Flughafen in Indonesien ist der einzige Airport auf Bali. Er liegt 13 Kilometer südlich der Hauptstadt Denpasar. Am einfachsten kommst du mit dem Airporttaxi von hier zum Hotel. Hier empfiehlt es sich, das Taxi am Taxischalter zu reservieren, im Voraus zu bezahlen und das Ticket bis zum Aussteigen am Hotel zu behalten. Vermeide es, ohne ein bestätigtes Ticket in ein Taxi zu steigen, da man sonst schnell das Dreifache bezahlt.

Die Kosten für eine Fahrt nach zum Beispiel Kuta betragen mindestens 120.000 IDR (circa 7 Euro, Stand: August 2023) und 360.000 IDR (circa 22 Euro) für den Taxitransfer nach Ubud. Bei einer Pauschalreise ist der Flughafen-Hotel-Transfer meistens im Reisepreis inbegriffen und wird vom Reiseveranstalter organisiert und durchgeführt. Alternativ kannst du private Fahrdienste wie Uber, Grab oder Gojek verwenden. Allerdings ist Gojek bei Flughafentransfers der teuerste Anbieter, da er eigene Taxistände unterhält.

→ Verkehrsmittel

Der öffentliche Nahverkehr ist für Reisende kaum geeignet. Die Fahrpläne und die Häufigkeit der Fahrten orientieren sich am Alltag derer, die auf Bali wohnen, leben und arbeiten. Daher kommst du bei Erkundungsfahrten am einfachsten mit dem Fahrrad und dem Roller von A nach B. Gerade wenn du die Insel auf eigene Faust entdecken willst, kommst du mit einem Roller beinahe überall hin. Roller kannst du auf Bali am einfachsten über deine Unterkunft organisieren. Den Preis musst du hier oft selbst verhandeln. Um einen Roller zu mieten, brauchst du einen gültigen Führerschein.

Fahrräder kannst du nicht überall leihen, in den Dörfern und Städten findest du selten Verleihstationen, in den Badeorten gibt es die meisten Radstationen, hier bekommst du auch Mountainbikes. Allerdings ist das balinesische Klima tropisch – warm und schwül. Daher kann eine Fahrradtour durchaus anstrengend sein.

Wesentlich komfortabler sind Taxis, schon allein wegen der Klimaanlage, die zuverlässig für Kühle sorgt. Immer wieder berichten Reisende von unverschämten Preisforderungen balinesischer Taxifahrer*innen. Unser Tipp: Bitte bevor du einsteigst darum, dass dir der Taxitarif bestätigt wird, und achte darauf, dass das Taxameter eingeschaltet ist. Du kannst übrigens auch in einem Privatauto bequem ans Ziel kommen. Die Fahrer*innen findest du über Uber, Grab oder Go-Jek. Die Kosten sind überschaubar, aber auch hier gilt es, zu verhandeln. Nutze dein Verhandlungsgeschick, um einen günstigen Pauschalpreis für deinen Transfer, Tagesausflug oder die Fahrt zum Restaurant zu erzielen. Lokale Fahrer*innen kennen sich auf der Insel bestens aus. Du erhältst von ihnen gratis nützliche Tipps.

Nicht empfehlen möchten wir das Mietauto: Aufgrund der Straßenverhältnisse, häufiger Staus sowie der Fahrgewohnheiten lokaler Autofahrer*innen geht man damit nicht nur ein Risiko ein, sondern verliert auch wertvolle Reisezeit.

→ Währung und Wechselkurse

Seit 1949 ist die Indonesische Rupiah (IDR) die offizielle Währung in Indonesien und somit auch auf Bali das wichtigste Zahlungsmittel. Es sind verschiedene Münzen und Banknoten im Umlauf. Im August 2023 bekam man für 100 Euro circa 1.650.000 IDR. Auf Bali kannst du beinahe überall Geld umtauschen. Zu hohe Bargeldsummen solltest du jedoch nicht mitführen. In Shops, Hotels und Restaurants werden in der Regel gängige Kreditkarten wie Visa oder Mastercard akzeptiert. An bewachten Geldautomaten kannst du mit deiner Kreditkarte Bargeld in der Landeswährung abheben.

→ Beste Reisezeit

Bali lässt sich zwar ganzjährig bereisen, als optimale Reisezeit gelten jedoch die Monate von Mai bis Oktober, denn dann ist Trockenzeit. Nun bieten angenehme Tagestemperaturen um 27 Grad Celsius ideale Voraussetzungen für Ausflüge, Trekkingtouren und entspannte Aufenthalte am Strand. In der Zeit von November bis März herrscht Regenzeit. In dieser Zeit kann es extrem stark regnen und es ist eher schwül-warm. Rundreisen, Wellnessurlaub und sportliche Aktivitäten kannst du für jede Jahreszeit planen.

	Temp. max. C°	Temp. min. C°	Regentage	Niederschlag (mm)
Januar	33,0	24,1	19	345
Februar	33,5	24,2	17	274
März	33,6	24,0	14	234
April	34,4	24,8	10	88
Mai	33,2	24,1	6	93
Juni	31,5	23,5	5	53
Juli	30,3	23,1	4	55
August	29,6	22,4	3	25
September	31,4	22,9	2	47
Oktober	33,5	23,7	6	63
November	32,6	23,4	11	179
Dezember	33,0	23,4	17	276

→ Telefon und Internet

Den Telefon- und Internetsektor teilen sich mehrere Telekommunikationsanbieter. Die wichtigsten sind Axis, Indosat, Smartfren, Telkomsel und XL. Während Telkomsel über eine der besten Netzabdeckungen auf Bali verfügt, bietet XL das beste Preisleistungsverhältnis. Insgesamt ist die Netzabdeckung auf der ganzen Insel recht gut.

Prepaid-Handys und lokale SIM-Karten erhältst du in Telefonshops und Verkaufsständen an der Straße und am Flughafen. Du erkennst sie an den bunten Postern und Preistafeln der Anbieter.

Auf Bali gibt es sogenannte örtliche Telekommunikationsbüros. Hier kannst du preiswerte Festnetzgespräche ins Ausland führen. Die günstigste Option jedoch ist mit rund zwei Euro die SIM-Karte (Stand: August 2023). Dafür kannst du dein Prepaid-Guthaben je nach Bedarf aufladen.

Zwischen den Internetprovidern gibt es keine großen Unterschiede. Die meisten Hotels bieten WLAN an, sodass du dort Smartphone, Tablet und Laptop nutzen kannst.

→ Sprachen und Kultur

Die offizielle Landessprache ist Bahasa Indonesia. In den Regionen der Insel werden zahlreiche Dialekte gesprochen. Englisch wird überall auf der Insel verstanden und gesprochen, sodass du während eines Baliurlaubs keine Probleme mit der Verständigung haben solltest.

→ Zeit und Zeitverschiebung

Auf Bali gilt die Zentralindonesische Zeit. Die Zeitverschiebung beträgt sieben Stunden im Winter und sechs Stunden während der Sommerzeit in Mitteleuropa. Wenn es in Deutschland 12 Uhr vormittags ist, ist es auf Bali bereits 18 Uhr nachmittags (im Sommer) oder 19 Uhr abends (im Winter).

Printed in Poland
by Amazon Fulfillment
Poland Sp. z o.o., Wrocław

33412520R00087